VILLAGES DE FRANCE

Dear Oula and Roger, October 22, 1994

I hope this book calls back memories from the past "100 years" and brings you new ideas for visits to France in the "100 years" to come ...

I wish you a very Happy Birthday and lots of Happiness.

Love

Nath

Tous mes meilleurs voeux d'anniversaire.

Grosses Bises Mireille

Pages de gardes

Sur un mamelon isolé qui domine la vallée de la Garonne, Saint-Bertrand-de-Comminges est, par sa situation, son histoire et ses monuments, le premier haut lieu d'art et d'histoire des Pyrénées centrales, que certains n'hésitent pas à qualifier de « Mont-Saint-Michel des terres ». Les richesses archéologiques romaines et médiévales, révélées peu à peu, foisonnent autant dans la ville haute – vue ici du sud-est – qu'au pied de la colline où s'étalait l'antique cité romaine.

Textes et Photographies :
DOMINIQUE REPÉRANT

Préface
JEAN KUYPERS

VILLAGES DE FRANCE

CHÊNE

PRÉFACE

A CHRISTIAN,
A FRANÇOIS,
A ELIN, LEUR MÈRE.

Saint-Cirq-Lapopie : Offrant l'un des plus beaux paysages de France, le village est bâti sur la pente raide d'une colline escarpée qui domine à-pic une boucle du Lot. Au point culminant (à droite), cet énorme rocher– dit de La Popie– voyait s'élever au Moyen Age le donjon du château des La Popie, rasé en 1471 sur l'ordre de Louis XI.

PRÉFACE

Les villages remarquables présentés dans cet ouvrage, associés aux paysages naturels dans lesquels ils s'insèrent, constituent une part importante du patrimoine rural français ; par leurs dimensions sociales, économiques, historiques et culturelles, ils participent grandement à la mémoire collective des Français puisqu'ils représentent les valeurs d'imagination, de création et de travail des générations qui nous ont précédés.

Mais prenons garde de ne pas dissocier le village du site naturel qui lui sert d'écrin ; de même que l'œuf et sa coquille forment un ensemble parfait, de même le village et le paysage qui l'entoure composent-ils un ensemble cohérent et indissociable que toute fausse note viendrait altérer définitivement. Enfin, le patrimoine représente une valeur économique – et touristique – considérable qu'il nous faut préserver ; source de richesses continuellement renouvelée, nous devons le protéger pour les générations à venir. La comparaison avec les pays étrangers nous montre la valeur extraordinaire du tourisme rural qui s'appuie notamment sur la variété, la qualité et l'ancienneté de nos villages et de nos paysages.

Depuis plus de cent cinquante ans, la protection du patrimoine est assurée par l'État. Prosper Mérimée fut le premier et le plus célèbre des inspecteurs des Monuments historiques. La loi du 31 décembre 1913 consacra la protection efficace des monuments historiques et de leurs abords ; enfin, la loi du 2 mai 1930 s'attacha à la protection des monuments naturels et des sites, en particulier des paysages, qu'ils soient construits – comme les villages ou les cœurs historiques des villes – ou naturels – comme les grands sites (baie du Mont-Saint-Michel, pointe du Raz, cirque de Gavarnie, etc.). Ces textes ont permis d'inventorier ce patrimoine en s'appuyant tout à la fois sur sa rareté, sa variété et sa capacité à avoir conservé ses caractères originaux. Aussi retrouve-t-on dans la plupart de ces villages l'église, le château ou quelques maisons anciennes classés « monument historique » entourés d'un ensemble bâti cohérent, homogène, classé « site », l'ensemble ainsi formé étant lui-même intégré dans un paysage agricole ou forestier de grande qualité, à nouveau classé « site ». Ces protections réglementaires ont permis la sauvegarde de ce patrimoine, sa mise en valeur et le label de qualité nécessaire à sa reconnaissance par tous.

Jean Kuypers, ministère de l'Équipement, bureau des Sites et Ensembles urbains protégés.

AVANT-PROPOS

Ce sont les plus belles, mais aussi les plus petites (population agglomérée inférieure à 1 050 habitants) des cités médiévales de France que j'ai souhaité présenter dans ce livre. Par « plus belles », il faut entendre les « mieux conservées », c'est-à-dire celles dont le bâti ancien (maisons et patrimoine) reste majoritaire et dont l'environnement naturel est préservé. Outre l'attrait de leur site, tous ces villages ont gardé de façon plus ou moins parfaite leur ordonnance primitive (plan médiéval) et leur aspect ancien ; quelques-uns, parce qu'ils conservent un bâti ancien de grande qualité, et surtout homogène, constituent des ensembles architecturaux uniques et rarissimes. Mais lorsque, en plus, paysage construit et paysage naturel composent un ensemble harmonieux et préservé, lorsque le village est comme posé sur son site, alors la vision devient suprême, le « charme médiéval » opère complètement et les qualificatifs les plus élitistes viennent à l'esprit : voici le plus beau village de France ! D'emblée, on l'aura compris, le village est abordé ici dans son expression architecturale et, a posteriori, esthétique. Sa réalité humaine et socio-économique n'est qu'à peine évoquée à travers son histoire. Comme dans mon précédent livre *(Le Périgord des châteaux et manoirs)*, j'ai travaillé à partir d'un document référent (compétence régionale) et vivant (la protection du Patrimoine se poursuit) : la liste exhaustive de tous les villages de France faisant l'objet d'une protection au titre des lois sur les sites. En ce qui concerne les villages présentés, on notera que la « hiérarchie » d'intérêt architectural reconnue de tous pour le monument (château, par exemple) s'applique également aux villages : ainsi, le village trop restauré, trop reconstruit ou trop hétérogène perd-il de son intérêt ; au contraire, un ensemble homogène ou ruiné (villages abandonnés, souvent remarquables) présente toujours un intérêt majeur, voire référent. Même chose pour les critères esthétiques : un village est plus pittoresque lorsqu'il est perché sur le bord d'une falaise que lorsqu'il est bâti en plaine ; il a également plus de chance de nous séduire s'il ne se trouve pas noyé dans un ensemble de constructions modernes, si les fils électriques et téléphoniques sont enterrés, etc.

J'ai tenu à ce que le livre débute par une courte présentation (histoire et typologie) des deux « créations » urbaines médiévales les plus étonnantes : les bastides du Sud-Ouest et les villages perchés du Midi méditerranéen ; et qu'il s'achève par la liste des villages « les mieux protégés » de France, liste qui a guidé mes déplacements à travers tout le pays.

Les textes et légendes des photos sont le plus souvent établis à partir de publications vendues dans le village, mais j'ai presque toujours consulté le « fichier matière » des Archives départementales. J'ai tenté de conserver le même schéma de présentation historique pour tous les villages : un mot sur la fondation (première mention écrite), le Moyen Age (seigneurs et guerre de Cent Ans), les guerres de Religion, la Révolution, l'époque moderne, puis, pour finir, un mot sur la population du village.

AVANT-PROPOS

Être en même temps l'artisan des textes et des images (et par conséquent arrêter tous les choix) permet d'associer un travail purement photographique (la lumière commande, l'image est libre) à un travail d'illustration (le sujet commande, l'image se met au service du texte). Ainsi, en devenant complémentaires, les choix dictés par l'image en tant que telle et ceux dictés par l'approche rigoureuse du sujet permettent-ils une présentation du village à la fois synthétique, homogène et variée. Tous les villages présentés sont nés au cours du millénaire médiéval (v^e^-xve siècle) et la plupart dès la fin des invasions barbares qui ouvrent, sur l'ensemble du territoire, une ère de renouveau urbain particulièrement prolifique (début XIe-début XIVe siècle). Presque tous se sont constitués autour d'un château seigneurial ou d'une abbaye et la plupart conservent des vestiges de l'enceinte ou (et) des fortifications qui, au cours du Moyen Age (notamment de la période 1350-1450), en firent des « villes closes ». Au point qu'il est maintenant difficile de dissocier le village médiéval de son enceinte de pierre ou du château féodal qui le domine ! Car tous ces « bourgs murés » sont les témoins de l'insécurité et des guerres presque incessantes au Moyen Age. Cependant, à cette époque, la vie communautaire de ces villages était régie par une organisation municipale élaborée ; pour la plupart, une charte royale ou seigneuriale définissait les privilèges des habitants. Leur population était importante (comparer avec celle d'aujourd'hui !) et il est difficile d'imaginer ce que fut l'animation de ces villes au Moyen Age, notamment celles qui étaient le but de pèlerinages. La notion de village est donc récente puisque tous se sont dépeuplés (dans un second temps, si l'on peut dire) de façon régulière et progressive depuis la « révolution industrielle ». La France est un pays d'une étonnante variété : richesse humaine, influences culturelles les plus diverses – notamment pour les provinces frontalières – que l'on retrouve à travers l'architecture des villages. Ainsi, au-delà de leur indéniable intérêt architectural et de leur attrait touristique évident, ces villages sont les témoins des civilisations régionales et, plus ponctuellement, de traditions locales : traditions des bâtisseurs liées à l'emploi de matériaux spécifiques, savoir-faire local s'adaptant aux rigueurs du site et de l'environnement, puis aux nécessités de la défense. Car ces villages sont l'histoire de nos ancêtres, et leur bâti ancien comme le témoignage palpable de leur vie, de leurs rêves et de leurs espoirs, de leur grandeur et de leurs luttes. Leur « bonne conservation » serait alors un cadeau que ces hommes et les hasards de l'histoire nous auraient légué et qu'il nous faut à tout prix préserver. Et s'ils sont les mieux conservés, ils deviennent les derniers grands représentants d'un certain art de bâtir provincial ; c'est pour cela, notamment, qu'ils sont les plus beaux villages de France. Mais à une esthétique superficielle et arbitraire j'oppose une beauté vraie, vivante et enracinée, issue d'une sorte de « génie du terroir » et de l'histoire tourmentée d'une communauté urbaine.

Dominique Repérant

L E S   B A S T I D E S

Saint-Félix-Lauraguais (Haute-Garonne) : bastide fondée par Eustache de Beaumarchais, sénéchal du roi de France (1272-1294) après la mort d'Alphonse de Poitiers, comte de Toulouse (1271). Place centrale.

Un des phénomènes urbains les plus marquants de France est sans aucun doute celui des bastides. Ces fondations concernent exclusivement quatorze départements du grand Sud-Ouest : Ariège, Aude, Aveyron, Dordogne, Haute-Garonne, Gers, Gironde, Landes, Lot, Lot-et-Garonne, Hautes-Pyrénées, Tarn, Tarn-et-Garonne et Pyrénées-Atlantiques. Leur densité impressionnante a profondément marqué le paysage rural de cette région entre Massif central et Pyrénées en formant l'essentiel de l'armature urbaine : on peut estimer à quatre cents environ le nombre de bastides envisagées par les autorités royales ou seigneuriales, mais on n'en recense aujourd'hui guère plus de trois cents.

L'ère des bastides s'étend sur une période de cent cinquante ans, de 1222 (création de Cordes) à 1373 (création de Labastide-d'Anjou), l'apogée du mouvement se situant autour des années 1280. Mais le phénomène de création des villes nouvelles aux XIIIe et XIVe siècles n'est pas spécifique au Sud-Ouest de la France : mouvement de peuplement et de colonisation des terres lié à l'expansion démographique et commerciale, il a concerné toute l'Europe. En France, il n'en a pas moins répondu à des motivations économiques (mise en valeur de terres non défrichées), politiques (le roi cherche à affaiblir l'autorité féodale) et militaires (dans le conflit qui oppose le roi de France au roi d'Angleterre). Premiers fondateurs, les comtes de Toulouse ont provoqué des «réactions en chaîne», tant de la part des seigneurs locaux (laïques ou ecclésiastiques) que des rois de France et d'Angleterre, le plus souvent représentés par leurs sénéchaux. Certes remarquable par son ampleur, ce phénomène bastides l'est surtout pour l'originalité et l'identité qu'il présente, tant du point de vue géohistorique que morphologique et urbain.

Le plan de la bastide se définit par la régularité de son tracé (adapté, bien sûr, à la topographie du site) et par sa division précise en lots (parcelles) aux dimensions généralement fixées dans les contrats de paréage (contrat passé entre les fondateurs, par exemple le roi de France et le seigneur local) ou la charte des coutumes (organisation municipale, privilèges accordés aux habitants, etc.). Trait commun à toutes les bastides, la place publique est l'espace privilégié de la ville. Elle est de forme régulière, le plus souvent bordée de maisons dont l'encorbellement de l'étage au-dessus des rues qui la longent est soutenu par des arcades, formant ainsi de pittoresques «couverts». Son importance est attestée par l'espace qui lui est réservé – un îlot entier –, par sa position névralgique – le centre de la bastide – et par sa vocation commerciale – un lieu d'échanges et de rencontres où se tiennent marchés et foires, événements majeurs de la vie médiévale.

Cette place est le plus souvent à l'origine de la structure urbaine car ses dimensions conditionnent celles des quatre îlots qui l'entourent, et par conséquent tous les autres îlots de la bastide. Là viennent se croiser à angle droit les axes principaux qui définissent un système de rues, perpendi-

culaires pour la plupart, complété par un réseau de rues secondaires (carreyrous). La halle s'élève normalement au milieu de la place, quelquefois sur le côté, leurs dimensions respectives étant en rapport direct. L'église est généralement bâtie dans l'îlot en diagonale, mais elle est souvent rejetée dans un îlot éloigné.

LA BASTIDE TYPE : MONPAZIER
Dordogne

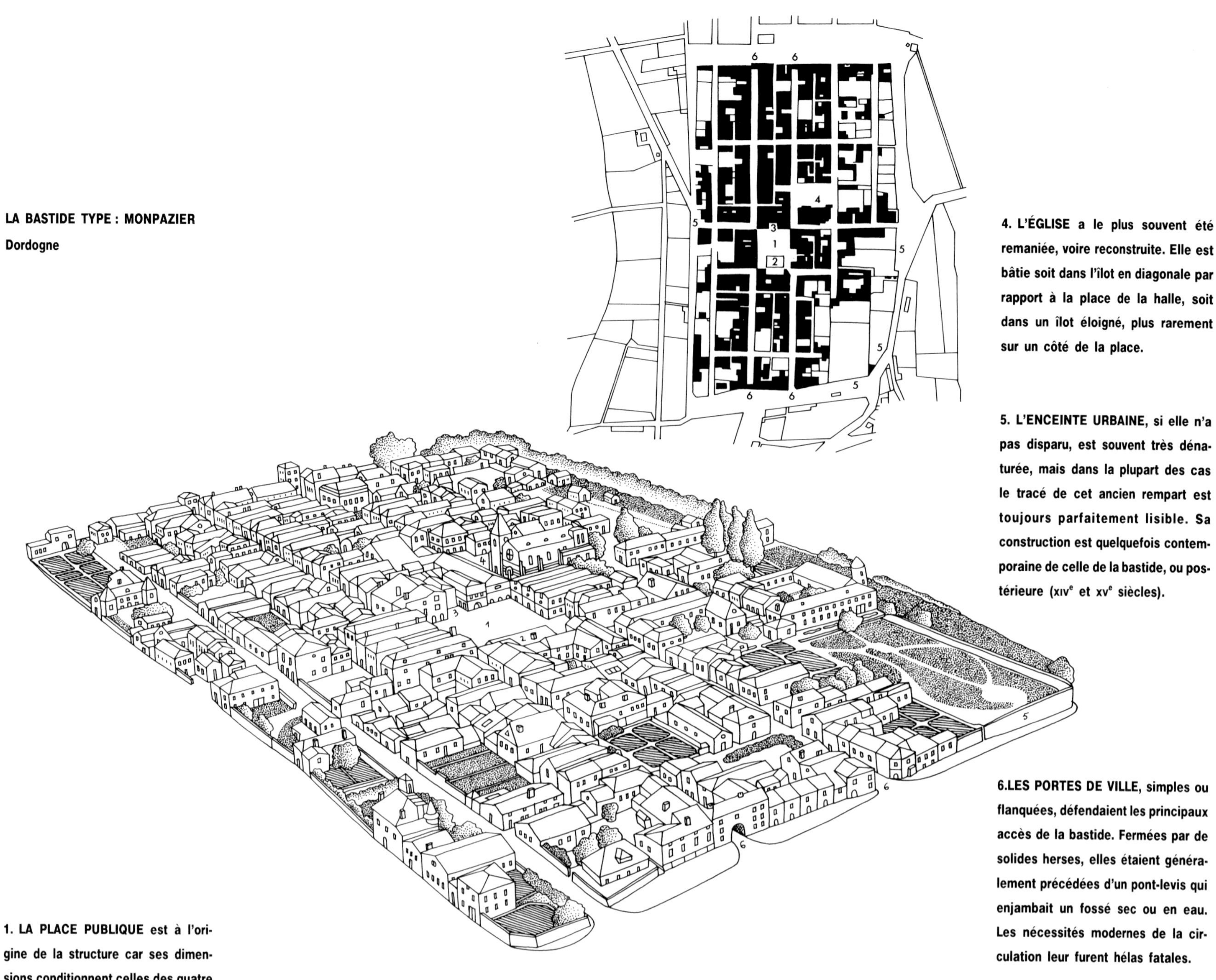

4. L'ÉGLISE a le plus souvent été remaniée, voire reconstruite. Elle est bâtie soit dans l'îlot en diagonale par rapport à la place de la halle, soit dans un îlot éloigné, plus rarement sur un côté de la place.

5. L'ENCEINTE URBAINE, si elle n'a pas disparu, est souvent très dénaturée, mais dans la plupart des cas le tracé de cet ancien rempart est toujours parfaitement lisible. Sa construction est quelquefois contemporaine de celle de la bastide, ou postérieure (XIVe et XVe siècles).

6. LES PORTES DE VILLE, simples ou flanquées, défendaient les principaux accès de la bastide. Fermées par de solides herses, elles étaient généralement précédées d'un pont-levis qui enjambait un fossé sec ou en eau. Les nécessités modernes de la circulation leur furent hélas fatales.

1. LA PLACE PUBLIQUE est à l'origine de la structure car ses dimensions conditionnent celles des quatre îlots qui l'entourent.

2. LA HALLE s'élève normalement au milieu de la place, parfois sur un côté, les dimensions de la place et de la halle étant en rapport direct.

3. LES COUVERTS sont formés par l'étage des maisons qui bordent la place. Soutenus par des arcades ou de simples piliers, ils sont en général postérieurs à la fondation de la bastide.

Labastide-d'Armagnac (Landes) : bastide fondée en 1291 par le comte Bernard d'Armagnac et le roi Édouard Ier d'Angleterre. La place Royale.

Monpazier (Dordogne) : bastide fondée en 1284 par Jean de Grailly, sénéchal du roi Édouard Ier d'Angleterre. Place centrale.

LES VILLAGES PERCHÉS

La caractéristique essentielle de l'habitat méditerranéen (littoral, arrière-pays et moyenne montagne) est le perchement des villages sur des sites malaisés, difficiles d'accès, parfois spectaculaires. La permanence de ce type d'habitat jusqu'à nos jours en fait l'élément le plus marquant de la campagne Provence-Alpes-Côte d'Azur.

Peillon (Alpes-Maritimes) est le prototype presque parfait du village perché «en rond» tassé au sommet d'un piton rocheux.

Cet habitat perché est surtout caractéristique de la Provence orientale (Alpes-Maritimes) mais les régions voisines (Alpes-de-Haute-Provence, Var, Vaucluse, Bouches-du-Rhône et même Corse) présentent des cas semblables, d'une façon moins systématique cependant.

Il faut remonter à l'époque protohistorique pour situer l'origine de ces perchements, car déjà à l'époque ligure (fin du dernier millénaire avant Jésus-Christ) les villages étaient installés sur des sommets. Avec la paix romaine l'habitat avait eu tendance à se desserrer et même à s'éparpiller, mais la chute de l'Empire romain (470 après J.-C.) ouvre une période d'invasions barbares au cours de laquelle les populations délaissèrent leurs hameaux ouverts pour se regrouper sur des sites aisément défendables. Les «castellaras» ligures sont à nouveau occupés et c'est à cette époque que naissent la plupart des villages perchés. A l'orée du XIe siècle, une nouvelle ère commence : les Sarrasins sont chassés de la région en 975 et bientôt, ici comme dans toute l'Europe, s'ouvre une période d'expansion. C'est pourquoi on a avancé l'hypothèse de «villages de l'an mille» dominant les sites actuels sur lesquels l'habitat se serait «sous-perché» aux XIe-XIIe siècles.

Dans les années 1380-1400, à la suite de pillages, de famines, et des épidémies de peste, ces villages sont dépeuplés, abandonnés, voire détruits. Beaucoup de ces villages perchés disparaissent définitivement. Ce n'est qu'au XVIe siècle, avec la reprise économique, qu'ils sont reconstruits. Les agglomérations qui ont le moins souffert restent sur leur site médiéval, quel que soit son inconfort. La plupart des villages perchés gardent donc du Moyen Age leur site, quelquefois un château (ou donjon), un rempart (presque toujours édifié au XIVe siècle, principale période de construction des enceintes urbaines) ou le tracé des rues, mais les maisons sont rarement antérieures au XVIe siècle.

Éléments du relief très fréquents, pitons et arêtes se sont prêtés aux deux types de villages que l'on rencontre le plus souvent avec toutes sortes de variantes : «villages en rond» pour le piton et «villages en long» pour l'arête, mais il en existe bien d'autres exemples.

En dépit de cette variété des sites d'implantation, le souci défensif est omniprésent et la structure du village perché reste à peu près identique. Il s'agit d'un habitat étroitement serré, tassé sur son éminence où chaque fois la localité a dû s'adapter aux contraintes du relief. Il est presque systématiquement tourné vers le midi, vers le soleil, et laisse déserte sa pente nord, ombreuse, froide et battue par les mauvais vents. Au sommet s'élevait le château, aujourd'hui presque partout disparu. En dessous, les maisons s'enroulent en cercles concentriques ou bien s'étagent linéairement. Les

maisons sont hautes, organisées sur un modèle de groupement qui laisse peu de place aux espaces inscrits : les rues sont étroites et les places exiguës. L'adaptation au site de pente est remarquable. Le village se termine sur la dernière rangée de maisons qui faisait office de rempart, ses hautes façades restant aveugles vers l'extérieur et ne s'ouvrant que vers l'intérieur du village.

Saorge (Alpes-Maritimes), «village monumental», étage ses maisons sur le flanc de la montagne; ici la position est améliorée car la paroi s'incurve face au midi, permettant l'installation «en amphithéâtre» du village. ▶

Castellare-di-Casinca (Haute-Corse).

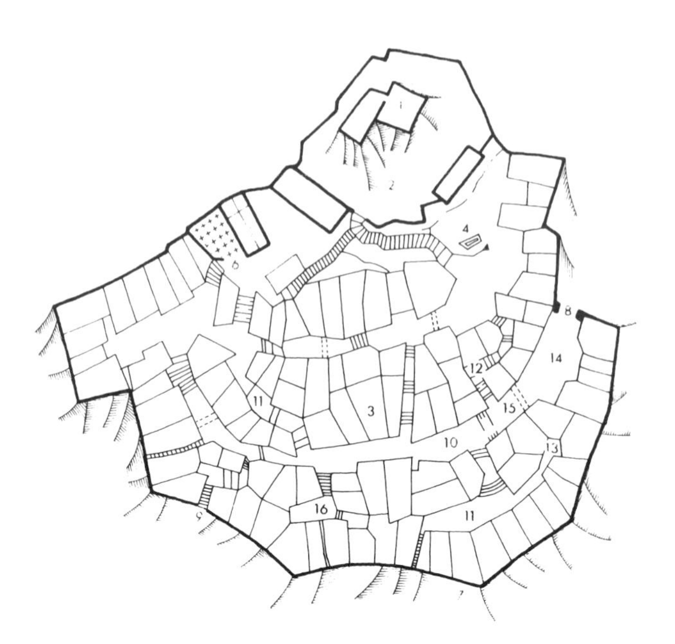

LE VILLAGE PERCHÉ TYPE

1 – donjon
2 – château
3 – village
4 – fontaine
5 – église
6 – cimetière
7 – rempart
8 – porte
9 – poterne
10 – grande rue
11 – voie de desserte
12 – passage
13 – cul-de-sac
14 – place
15 – pontis
16 – passage d'eau

HUGEL
DEPUIS 1639
RELAIS des MOINES

Riquewihr est citée pour la première fois en 1094 mais la région fut habitée bien avant, comme l'attestent les tombes mérovingiennes découvertes au début du siècle. Remarquablement abritée, Riquewihr fut très tôt – probablement dès l'époque romaine – un centre viticole renommé. Propriétaires de la cité au XIIIe siècle, les comtes de Horbourg l'entourèrent de murailles en 1291, et c'est en tant que ville qu'elle est mentionnée en 1320. En 1324, ces sires de Horbourg, sans héritiers directs, doivent vendre leur seigneurie à leur oncle Ulrich, comte de Wurtemberg. Désormais, la ville reste un domaine wurtembergeois jusqu'à la Révolution.

Deux dates importantes marquent la prospérité de la cité : 1489, le duc Henri de Wurtemberg-Montbéliard donne à Riquewihr les lettres de liberté accordant à ses habitants des privilèges; les us et coutumes sont alors consignés dans le «Ratbuch»; 1522, l'importante corporation des vignerons s'organise, ce qui consolide la position dominante de la viticulture. Entretemps, en 1500, une seconde enceinte fut construite mais elle n'empêchera malheureusement pas les dommages et les pillages de la guerre de Trente Ans (1635). La prospérité revint au XVIIIe siècle : vignoble et carrières de gypse firent alors la fortune de la cité. La Révolution y fut bien accueillie et les liens avec le duc de Wurtemberg furent définitivement abolis par la paix de 1801. Au cours des furieux combats de l'hiver 1944-1945 qui détruiront entièrement les agglomérations voisines de Mittelwihr et Benwihr, Riquewihr sera miraculeusement épargnée.

Riquewihr compte parmi les communes d'Alsace qui vivent exclusivement de la viticulture. Les premiers documents mentionnant le vignoble ne remontent qu'au XIVe siècle mais déjà ceux-ci parlent-ils de Riquewihr comme d'un centre viticole connu et apprécié. Aujourd'hui encore, les vignobles qui entourent la cité – et notamment ceux des coteaux du Schoenenberg et du Sporen – sont réputés produire les meilleurs vins d'Alsace. La qualité des cépages a été soigneusement protégée, et des interdits, réitérés dès 1575 et 1644, ont empêché l'introduction de cépages de qualité inférieure.

Cette maison fut bâtie par la commune en 1686 à la place de l'ancienne «hostellerie de l'Étoile» dont elle conserva aussi bien la destination que le nom. Sa façade présente d'élégantes fenêtres dont les encadrements ont été finement sculptés. Par l'entrée couverte de cette maison on accède à la cour des Vignerons, siège de la puissante corporation des vignerons de 1520 à 1791.

Depuis le XVIe siècle, les habitants de Riquewihr vivent dans un décor miraculeusement inchangé, ou presque, qu'ils fleurissent et préservent avec soin et qu'animent, à l'époque des vendanges, les allées et venues des vignerons. Des vastes caves montent alors les effluves du raisin fraîchement pressé et bientôt la ville entière embaume le vin nouveau!

D'environ 2 500 habitants à la Révolution, la population est aujourd'hui tombée à 1 018, vignerons pour la plupart.

Pour en savoir plus :

«Riquewihr, son histoire, ses institutions, ses monuments», par l'abbé Voegeli, 2e édition de la Société d'archéologie de Riquewihr, 1980.

«Riquewihr», brochure touristique par Philippe Legin, Éditions S.A.E.P., Ingersheim 1988.

RIQUEWIHR ET HUNAWIHR HAUT-RHIN

Vue ici du célèbre Schoenenberg, la charmante cité de Riquewihr est devenue l'un des hauts lieux du tourisme en Alsace. A l'intérieur de sa double enceinte, elle présente un ensemble de demeures anciennes unique en Alsace. Celles-ci datent généralement des XVIe et XVIIe siècles, époque de grande prospérité, et montrent une foule d'éléments architecturaux intéressants : cours intérieures, vieux puits, fontaines, portails, encadrements de fenêtres en bois sculpté, oriels, etc.

A l'extrémité ouest de la cité (à droite), émergeant des toits, le Dolder (1291), haute tour-beffroi, en est certainement le monument le plus caractéristique. A l'extrémité est (à gauche) le château des comtes de Wurtemberg (1540) abrite aujourd'hui le Musée d'histoire des PTT d'Alsace.

A cinq kilomètres de Riquewihr, le pittoresque village de Hunawihr fut également un fief des Wurtemberg jusqu'à la Révolution. Dominant l'agglomération, sa célèbre église fortifiée date des XVe et XVIe siècles. Elle est entourée d'une enceinte hexagonale dont les angles sont renforcés de bastions semi-circulaires et qui servait de refuge aux habitants en cas de danger. ▶

Cette place, l'une des plus belles de France, est entourée de maisons anciennes dont l'étage, soutenu par de pittoresques arcades, couvre les quatre rues qui la bordent; les «couverts» ainsi formés sont assez larges et élevés pour que charrettes et cavaliers puissent circuler facilement. Bien que ces maisons aient été remaniées, restaurées ou même détruites (six ont disparu), elles constituent un ensemble architectural remarquable souvent utilisé comme décor de cinéma. ▼

La plupart des maisons de la place ont été reconstruites ou largement reprises et embellies vers la fin du xve siècle. Témoin cette façade où une grande fenêtre à meneaux côtoie une petite ouverture trilobée datant probablement du siècle précédent.

MONPAZIER **DORDOGNE**

Les années 1280 marquent la période la plus féconde quant à la création de villes neuves dans le Sud-Ouest de la France. En préalable à ce qui va devenir la guerre de Cent Ans, les pouvoirs royaux d'Angleterre et de France ont besoin de s'affirmer autant face à leurs prétentions respectives qu'à celle des seigneurs locaux. C'est ainsi qu'Édouard Ier, roi d'Angleterre, décida de s'établir fortement sur la frontière nord de ses possessions de Guyenne, notamment sur les plateaux boisés entre le Dropt et la Dordogne. Il entreprit alors la construction des

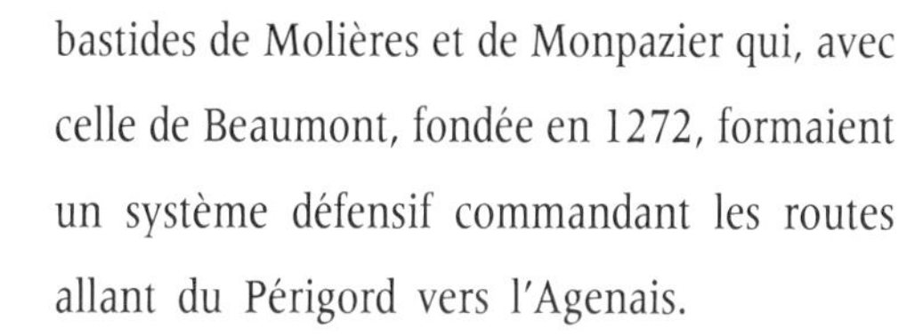

bastides de Molières et de Monpazier qui, avec celle de Beaumont, fondée en 1272, formaient un système défensif commandant les routes allant du Périgord vers l'Agenais.

Le 7 janvier 1284, Pierre de Gontaut, seigneur de Biron, faisait don à Jean de Grailly, sénéchal d'Édouard Ier, de l'emplacement de la bastide de Monpazier. Celle-ci connut un destin mouvementé durant la guerre de Cent Ans, changeant plusieurs fois de mains jusqu'en 1398 où elle revint enfin à l'obéissance du roi de France : Charles VI accorda alors des lettres de rémission aux habitants «pour les rapports qu'ils pouvaient avoir avec des Anglais...»

La bastide conserve aujourd'hui son plan d'origine : vaste quadrilatère découpé en îlots égaux suivant un tracé orthogonal rigoureux. A Monpazier, la mitoyenneté n'existe pas, chaque maison se trouvant entourée de rues, de ruelles (les carreyrous) et d'andrones, légers espaces servant de dépotoir et de coupe-feu. Preuve de sa vocation militaire, des fortifications furent construites en même temps que les habitations : la ville était enfermée dans un double système de remparts dont il ne subsiste que peu de vestiges.

En 1789, la population de Monpazier était évaluée à 1 200 habitants; elle n'en compte plus aujourd'hui que 553.

Pour en savoir plus :

«Monpazier, logis, gens et faits d'autrefois» par le Docteur R. L'Honneur, imprimerie Contact à Monpazier (sans mention d'éditeur ni de date).

Véritable cœur de la bastide, la place centrale accueille marchés et foires annuelles. Sur le côté sud, la halle permettait d'abriter les marchandises. Elle conserve une belle charpente de châtaignier et l'estrade de pierre sur laquelle sont scellées les mesures à grain. Au loin, on distingue la masse imposante du château de Biron, fief de la famille de Gontaut dès le XIe siècle. ▶

Les quais rappellent l'activité du bourg au temps où les bateaux du «haut pays» descendaient leur chargement de bois et où l'on embarquait les cargaisons de vin de Domme, très apprécié des archevêques de Bordeaux. Le château de la Malartrie, à l'arrière-plan, a été construit dans le style Renaissance au début du siècle par la famille de Saint-Aulaire. A droite, dans la falaise, cette grotte était autrefois accessible du château des évêques; fortifiée et alimentée en eau potable, elle en constituait l'ultime réduit de la défense.

Ponctuée de châteaux et de villages pittoresques, la vallée de la Dordogne offre, entre la falaise de Beynac et celle de Domme, un des plus beaux paysages de France. A mi-chemin, La Roque-Gageac s'est nichée au pied d'une haute falaise creusée de grottes, là où, dans un large méandre, la Dordogne vient lécher une série de tables rocheuses unies par d'anciens éboulis. Au premier plan, la partie ouest du village a été presque entièrement reconstruite après un double éboulement : le premier, naturel, en 1957, le second provoqué par mesure de prévention quelques années plus tard.

La ville s'est constituée au plus tard dès la seconde moitié du XIIe siècle sous l'égide des puissants abbés puis évêques de Sarlat. La première mention du village remonte au 14 septembre 1214; au XIVe siècle les évêques de Sarlat y possèdent un château et la petite cité, plus importante qu'aujourd'hui, est fortifiée. Elle figure alors parmi les principaux fiefs de l'évêque et les habitants bénéficieront de privilèges exceptionnels. Au cours de la guerre de Cent Ans, ils veilleront à la défense de leur cité épiscopale, notamment contre la proche ville de Domme «en rébellion contre le roi de France et au pouvoir des Anglais» dès 1346. Lors des guerres de Religion, après s'être rendu maître de Domme le célèbre capitaine protestant Geoffroy de Vivans obtint la capitulation de La Roque (5 mars 1589). Un mois plus tard, Louis de Salignac, évêque de Sarlat, met en vente sa seigneurie de La Roque-Gageac dont à vrai dire le château est en ruine et qui lui rapporte fort peu.

Après les troubles de la Fronde qui obligèrent

Surplombant les maisons riveraines, le manoir de Tarde est la seule qui subsiste des quatre ou cinq maisons nobles qui, adossées au rocher, entouraient autrefois le château des évêques. Les remparts ont complètement disparu et le village ne conserve que très partiellement son bâti ancien, mais l'étagement des maisons et l'étroitesse du site composent un ensemble harmonieux et pittoresque.

à réparer et à compléter une dernière fois les fortifications (1653), la petite ville connaîtra la décadence. Une de ses plus chères libertés – la pêche – est confisquée en 1669 au profit du roi. En revanche, la suppression de ce droit ouvre la rivière à la navigation : les «argentats» qui descendent la Dordogne font de La Roque et de nombreuses autres localités riveraines des ports animés complétés par des chantiers de construction de gabares. A la fin du XIXe siècle le chemin de fer fera disparaître progressivement le trafic fluvial. Aujourd'hui le tourisme réveille chaque été cette ancienne cité épiscopale. Au Moyen Age la ville comptait un peu plus de 100 feux, ce qui semble peu, mais à la même époque la double ville de Périgueux en comptait 125. La population du village est actuellement de 402 habitants.

Pour en savoir plus :

«Une ancienne forteresse oubliée du Sarladais, La Roque de Gageac, étude archéologique», par Gabriel Tarde, Périgueux 1881. «Sarlat et le Périgord méridional», par Jean Maubourguet, 3 tomes : Cahors 1926, Paris 1930 et Périgueux 1955.

A cinq kilomètres en aval de La Roque-Gageac, dominant la Dordogne, le château et le village de Beynac composent l'un des plus beaux sites de la région. Véritable nid d'aigle juché sur sa falaise, la forteresse féodale, fief des seigneurs de Beynac, fut édifiée entre le XIIe et la fin du XIVe siècle; divers aménagements effectués aux XVIe et XVIIe siècles lui donneront son apparence actuelle. Reconstruites ou restaurées, les anciennes maisons du village se massent au pied de la falaise ou des remparts (sur le plateau) ou bien, comme ici, s'étirent le long des accès qui mènent au château. ▶

Dès le Moyen Age et jusqu'au XIXe siècle, Beynac dut sa prospérité à l'activité économique de son port, de son bac et de ses pêcheries. Le village conserve quelques maisons couvertes de lauzes; caractéristiques du Sarladais, ces pittoresques toitures disparaissent progressivement en raison de leur coût élevé.

A cinq kilomètres en amont de La Roque-Gageac, perchée sur une falaise dominant la Dordogne, la bastide de Domme fut fondée en 1281 par Philippe III le Hardi pour résister à la poussée des Anglais alors possesseurs de la Guyenne. Pendant toute l'époque féodale vivront sur le même rocher, côte à côte, une ville royale (Mont-de-Domme) et un bourg féodal (Domme-Vieille) pourvus chacun d'un château. Place forte considérable, réputée imprenable, Domme et ses châteaux furent un enjeu disputé au cours de la guerre de Cent Ans puis des guerres de Religion. Les châteaux ont disparu mais l'enceinte de Domme (années 1300) mérite le détour. Ici, l'imposante porte des Tours offre un exemple intéressant d'une fortification ancienne «modernisée» à l'époque des guerres de Religion. De plus, elle abrite un remarquable ensemble de graffiti attribué aux Templiers qui y furent incarcérés à partir de 1307.

SAINT-ÉMILION GIRONDE

Il est vraisemblable qu'un moine, originaire du pays de Vannes, Aemilianus, Émilian ou Émilion, vint demander asile vers le milieu du VIIIe siècle aux bénédictins de Sainte-Marie-de-Fussiniac. Il rassembla autour de lui des compagnons qui aménagèrent les grottes et abris naturels qu'offrait le site; l'une de ces grottes, plus vaste, dut leur servir d'église et fut agrandie à mesure de l'augmentation des fidèles : telle est sans doute l'origine de l'extraordinaire église monolithe – monument unique en Europe – creusé dans le rocher par les bénédictins, probablement entre le IXe et le XIIe siècle. Une charte de Jean sans Terre, roi d'Angleterre, datée du 8 juillet 1199, nous révèle l'existence, dès cette époque, d'une organisation municipale qui fut à l'origine de la Jurade, composée, disent les textes, de «gens de bien» élus et chargés d'administrer (dans le sens le plus large) les intérêts municipaux et commerciaux de la communauté, ces derniers étant déjà basés exclusivement sur la qualité des vins! Aux XIIe et XIIIe siècles la ville se développe : de nouvelles chapelles, de grandes et opulentes maisons nobles sont construites dans la ville haute; deux grands ordres religieux bâtissent leur couvent extra-muros. La ville est fortifiée et un château édifié au début du XIIIe siècle.

Pendant la guerre de Cent Ans, Saint-Émilion soutint plusieurs sièges et passa du camp anglais à la France suivant le déroulement de la guerre. La ville avait reçu de Richard Cœur de Lion ses «privilèges, franchises et libres coutumes» confirmés par Charles VI en mai 1456. La ville fut à nouveau assiégée et pillée pendant les guerres de Religion.

Aujourd'hui le nom de Saint-Émilion jouit d'une renommée internationale grâce à ses célèbres vins et la Jurade veille toujours au maintien de la qualité du prestigieux «vin honorifique de Saint-Émilion».

Une charte concédée par Louis XI le 22 avril 1469 nous apprend que la population de «2 à 3 000 feux de gens de tous estats» était tombée à 200 feux. Aujourd'hui la ville compte 742 habitants.

Pour en savoir plus :

«Saint-Émilion, son histoire, ses monuments, ses vins», plaquette éditée par l'Office du tourisme de Saint-Émilion, Libourne 1972.

Sur trois côtés, la ville conserve son enceinte médiévale (XIIIe, restaurée aux XVe et XVIe siècles) bordée d'un large fossé sec creusé dans le roc; très dénaturée, sauf ici dans sa partie nord-ouest (entre la porte Saint-Martin et celle du Chapitre), elle s'ouvrait par six portes fortifiées dont seule subsiste la porte Brunet.

◄
Saint-Émilion conserve un ensemble important de monuments, principalement religieux, parmi lesquels le célèbre clocher (c'est le plus haut de Gironde, après la flèche Saint-Michel de Bordeaux) édifié au-dessus de l'église monolithe et, derrière, la vaste église collégiale (XIIe-XIVe) au clocher arasé.

Entourée du prestigieux vignoble, Saint-Émilion est bâtie en amphithéâtre dans l'échancrure d'une colline calcaire dominant la plaine de la Dordogne. La petite ville s'est constituée au cours du Moyen Age autour de l'ermitage rupestre de saint Émilion. Construites en pierre de taille (calcaire), les maisons sont caractéristiques de l'architecture de la région bordelaise; la plupart datent des XVIIIe et XIXe siècles.
◀

Du «château du Roi» il ne reste que ce donjon, le seul roman qui soit intact en Gironde. Sa construction fut envisagée dès 1224 par Louis VIII lors d'une brève occupation de la cité par ses troupes. En 1237, après la reprise de la ville par les Anglo-Gascons, les travaux étaient en cours. Il se dresse sur un cube de rocher isolé du plateau par un large fossé à fond de cuve. Il abrita l'hôtel de ville jusqu'en 1720 et c'est aujourd'hui le lieu privilégié d'où se font les proclamations du Jugement du vin nouveau (courant juin) et du Ban des Vendanges (en principe le deuxième ou le troisième dimanche de septembre).

Entre Bayonne et Pampelune, sur la route de Saint-Jacques-de-Compostelle, Aïnhoa fut peut-être fondé dans les années 1200 par les moines prémontrés du monastère d'Urdax afin d'accueillir les pèlerins toujours plus nombreux. En 1238, le sire de Baztan, seigneur d'Aïnhoa, vend à Thibaut Ier, roi de Navarre, le péage d'Aïnhoa pour une somme considérable, preuve de la fréquentation importante de cette route. Dès 1250, Navarrais et Anglais s'en disputent la possession car le village se trouve à la limite des possessions anglaises. Finalement, le 27 septembre 1369, le fief d'Aïnhoa est indivis entre les rois de Navarre et d'Angleterre, mais après la reddition de Bayonne (20 août 1451) le Labourd redevient navarrais.

La guerre de Trente Ans (1618-1648) éprouvera durement le village et il est probable qu'en 1637 un ou plusieurs incendies le détruisirent en partie. Après la paix des Pyrénées (1659), les habitants et de nouvelles familles – qu'un document de 1662 appelle les « nouvellins » – reconstruisirent ou restaurèrent le bourg en lui donnant l'aspect d'ensemble qu'il conserve aujourd'hui. Le 7 mars 1793, la Convention déclare la guerre à l'Espagne : les combats épargneront le village mais seront fatals au monastère San Salvador d'Urdax, incendié et saccagé par les troupes françaises. Pendant la campagne d'Espagne (1813-1814) Aïnhoa ne souffrira que du pillage de la soldatesque napoléonienne.

Jusque vers le milieu du siècle dernier, la bastide fut un important relais sur la frontière pour les pèlerins et les muletiers. Aujourd'hui paisible, ce beau village labourdin compte 209 habitants.

Pour en savoir plus :

« Histoire d'un village basque : Aïnhoa », par Martin Elso, dans « Gure Herria », Ustaritz 1966.

« Inscription de la maison Gorritia à Aïnhoa », par E. Goyheneche, dans « Gure Herria », 1960.

Le côté ouest de la large rue du village présente de magnifiques maisons anciennes caractéristiques de l'architecture labourdine : le rez-de-chaussée est occupé par de larges remises dites « lorios » et les façades à pans de bois verticaux sont à double encorbellement et ombragées par l'avancée du toit. A droite, datée de 1655, la maison Gorritia est la plus célèbre d'entre elles en raison de l'inscription gravée sur le linteau de sa fenêtre du rez-de-chaussée : « Ceste maison apelée Gorritia a esté racheptée par Marie de Gorriti, mère de feu Jean Dolhagaray des sommes par luy envoyés des Indes laquele maison ne se pourra vandre ny engaiger. Fait en lan 1662. » ◀

Au cœur du Labourd, Aïnhoa s'étire le long de sa rue unique, dominée par le lourd clocher carré (1649) de son église (XIVe-XVIIe). La bastide conserve encore son plan primitif : régulièrement disposées, les maisons possèdent toujours, dans leur prolongement, un jardin de même largeur qu'elles. La plupart de ces maisons sont des XVIIe et XVIIIe siècles (la plus ancienne est datée de 1629), aussi le village conserve-t-il son unité et son charme ancien. ▶

HÉRISSON **ALLIER**

Dominée par les ruines du château, la petite ville de Hérisson compose l'un des sites les plus pittoresques du Bourbonnais. Inscrite dans une boucle de l'Aumance, elle était autrefois ceinte d'un rempart fortifié. A l'arrière-plan, la nouvelle église a été construite dans les dernières années du second Empire. En avant de celle-ci, la maison Mousse est une maison noble du XVIe siècle.

HÉRISSON ALLIER

Site militaire par excellence, Hérisson fut au cours des âges un point stratégique de la plus haute importance. L'Aumance – ou plutôt l'Œil, son ancien et véritable nom – a coupé le plateau granitique d'une gorge qui suscite, audessus des gués, l'édification de systèmes fortifiés. Ainsi s'explique la présence de l'oppidum protohistorique, puis gaulois et médiéval de Cordes (aujourd'hui Chasteloy, à deux kilomètres de Hérisson, vers Meaulne) enserré dans une large boucle de la rivière. Plus tardivement, la défense se déplace et se concentre sur l'éperon barré du sud de l'oppidum avec le château médiéval et la petite ville de Hérisson qui prospérera à son ombre.

C'est à Louis II de Bourbon que l'on attribue – dans les années 1400 – l'essentiel de la construction du château actuel, mais dès le XIe siècle le piton rocheux qui domine la rivière voyait s'élever un château. En 1569 il est décrit comme comprenant «huit belles tours réunies par des courtines et une neuvième qui sert de donjon». Démantelé par Mazarin en 1651, il est en 1698 «un vieil château tout démoli». ▶

Hérisson, une des premières possessions des ducs de Bourbon, devient vite une châtellenie qui couvre la plus grande partie de l'ouest du Bourbonnais. La ville se développe au plus tard dès le XIIe siècle et prend de l'importance au siècle suivant avec la création, par Archambaud VI, d'un chapitre qu'il dote richement (1221). En 1381, la petite cité reçoit sa charte de franchise et dès 1400 d'importants travaux de fortification sont entrepris par Louis II de Bourbon sur le château et l'enceinte de la ville. Cela ne l'empêcha pas d'être plusieurs fois attaquée par les Anglais au cours de la guerre de Cent Ans. Elle souffrit également des guerres de Religion, mais c'est surtout lors des troubles de la Fronde qu'elle fut ravagée. En 1651, les troupes de Mazarin délogent les Frondeurs qui occupent le château puis le démolissent avec l'aide des paysans du voisinage. Il devient alors une formidable carrière dans laquelle les habitants puiseront largement pour reconstruire leurs maisons.

Aujourd'hui la petite cité médiévale regroupe 658 habitants.

Pour en savoir plus :

«Histoire des communes de l'Allier» (Grande Encyclopédie de l'Allier), sous la direction d'André Leguai, Éditions Horvath, Le Coteau (Loire) septembre 1986.

«Hérisson, guide pittoresque de la vallée de l'Aumance», par Louis Grégoire, Crépin-Leblond Éditeur, Moulins 1922.

Le premier seigneur du lieu dont l'histoire nous a conservé le nom est Astorg de Salers (Eustorgius miles de Salerni) en 1069. Les barons de Salers seront coseigneurs du fief jusqu'en 1666, date à laquelle la baronnie est rachetée par les Scorailles.

En 1250, Salers est déjà une cité importante. Celle-ci fut longtemps dénuée de fortifications et c'est dans les dépendances du château que les habitants venaient se «retraire» lors des incursions des Anglais et des routiers. Aussi, le 25 novembre 1428, à la requête des habitants, Jehan de Langeac, sénéchal du duc d'Au-

Le charme de Salers, c'est son aspect brut et archaïque dû à l'emploi de matériaux sombres : pierre de lave pour les maçonneries et lauzes pour les toitures. Cette pittoresque cité médiévale a une saveur fondamentalement rustique, même si ses belles maisons bourgeoises (ici, tourelle de la maison de Flogeac) donnent une impression – sans excès – de luxe aristocratique.

Salers est bâti sur le bord d'un plateau qui surplombe la vallée de la Maronne. A l'arrière-plan, la partie primitive de la ville occupe le sommet d'un mamelon basaltique; elle était enfermée dans un rempart qui s'ouvre ici, à l'est, par la porte du Beffroi (ou de l'Horloge), robuste tour coiffée d'un fragile campanile. Au centre de ce noyau médiéval se trouve une remarquable place centrale, la place Tyssandier-d'Escous, bordée de maisons nobles des XV et XVIe siècles.

vergne, autorisait « à faire cloison et fortification en forme de ville fermée ». Le baron de Salers tenta de s'opposer à ce projet, mais il n'eut pas gain de cause devant le Parlement. Le succès que les habitants de Salers obtinrent en la circonstance contre leur suzerain féodal n'était qu'un premier pas dans la voie des franchises municipales. Louis XII complète en avril 1509 les privilèges municipaux de la cité en lui accordant le droit de consulat. Entretemps, en 1504, les habitants avaient demandé que le siège du bailliage soit transféré de Saint-Martin-Valmeroux dans leur cité fortifiée. Un édit d'Henri II de mars 1550, confirmé par un arrêt du Conseil de 1564, concède définitivement ce tribunal à Salers.

Les fortifications jouèrent un rôle important pendant les guerres de Religion et protégèrent plusieurs fois la ville contre les assauts des protestants (1586, 1587 et 1589). Les Grands Jours d'Auvergne condamnèrent à mort le baron de Salers : il réussit à fuir mais son château fut rasé (arrêt du 21 janvier 1666). La Révolution supprimera le bailliage et Salers perdit définitivement le siège judiciaire qui, depuis plus de deux siècles, avait tant contribué à accroître sa prospérité.

Aujourd'hui, la petite cité compte environ 407 habitants.

Pour en savoir plus :

« Salers. Notice historique et descriptive à l'usage des touristes », par Louis Jalenques, Aurillac 1947.

Le château de Salers se dressait sur une seconde éminence (d'où est prise cette photo) qui fait face au côté nord de la cité. En contrebas, un faubourg s'étire entre les deux mamelons et séparait donc le château du cœur de la ville.

Le charme de ce vieux bourg fortifié tient à l'abondance de son patrimoine. Il est rare en effet de trouver tant de vieilles demeures – si dénaturées soient-elles – dans une si petite cité. Dans la pittoresque rue Lacordaire, cette maison noble des années 1500 a été adroitement restaurée. Au fond, la partie ancienne (XIIIe) de la maison Lacordaire (XIXe) fut le logis du grand bailli de l'Auxois et abrita, pendant la Ligue, le siège du parlement de la Bourgogne royaliste (mai 1582 à avril 1592).

Autrefois précédée d'un pont-levis, la porte du Bourg date du XVe siècle et faisait partie des défenses de l'abbaye qui ici, au sud, se confondirent longtemps avec celles de la ville.

Le territoire de la commune a été occupé de la préhistoire à l'époque gallo-romaine, la présence romaine la plus illustre étant celle de Jules César qui, assiégeant Alésia en 52 avant J.-C., avait installé trois camps sur le plateau de Flavigny. Widerad, grand seigneur burgonde, fonde en 719 une abbaye sur les terres qu'il possède, dans ce Flaviniacum qualifié dans l'acte de fondation (premier document écrit mentionnant Flavigny) de «castrum», c'est-à-dire d'habitat fortifié. Le développement de l'abbaye est spectaculaire et, vers 866, elle accueille les reliques de sainte Reine, vénérées jusqu'alors à Alise. A la fin du Xe siècle, le bourg se développe et en 1157 le duc de Bourgogne autorise l'abbé Renaud II à construire une enceinte fortifiée protégeant non seulement l'abbaye mais toute la cité.

L'abbaye est reconstruite à partir de 1618 par les bénédictins de la réforme de Saint-Maur, travaux qui se poursuivront jusqu'au XVIIIe siècle. La Révolution apportera un bouleversement radical en liquidant les communautés monastiques. En 1848, Lacordaire y fonde un couvent dominicain qui se développe rapidement, au point d'engendrer une extension considérable des bâtiments à partir de 1874. Au XIXe siècle, les créations religieuses se multiplient mais la loi Combes (1903) et les lois de 1905 (laïcité de l'État) feront disparaître la plupart d'entre elles.

Les anis dits de Flavigny étaient jadis fort

réputés – la tradition locale attribue aux ursulines installées à Flavigny depuis 1632 la technique de fabrication de ce bonbon. Jusqu'à la Révolution celles-ci semblent en avoir eu le monopole, mais au XIXe siècle on compte huit fabricants à Flavigny! Depuis 1920 seule la maison Troubat perpétue la tradition.

Selon l'état paroissial de 1784, l'agglomération regroupait 1 311 habitants, en oubliant un certain nombre de juifs et de protestants! Aujourd'hui 394 personnes peuplent la petite ville.

Pour en savoir plus :

«Flavigny-sur-Ozerain, cité médiévale», petit guide touristique édité par la Société des Amis de la cité de Flavigny, Montbard, non daté.

La ville est perchée sur le bord d'un plateau qui surplombe trois vallées : c'est le type même de «l'éperon barré», site naturel facilement défendable puisque ne présentant qu'un seul côté vulnérable (sud). L'abbaye, au sud-ouest de la ville, conserve quelques vestiges de l'époque carolingienne, mais elle a perdu sa grandeur passée; que l'on songe qu'ici, aux XIIe et XIIIe siècles, huit cents moines ont chanté jour et nuit, sans interruption, le «Laus Perennis» et que son scriptorium a laissé des écrits célèbres, conservés à la Bibliothèque du Vatican! Elle abrite aujourd'hui la dernière fabrique des célèbres anis de Flavigny. ►

La ville est traversée par une rue principale au pavage pittoresque qui se ferme à chaque extrémité par une porte fortifiée. C'était la rue des marchands et des bourgeois, par opposition aux rues basses inondables des quartiers occupés par les vignerons et les petits agriculteurs. Au fond, la place de l'Hôtel-de-Ville conserve quelques maisons à colombages.

La porte d'Avallon, dite aussi Porte Peinte, est la mieux conservée des trois portes qui, autrefois, défendaient les accès de la ville. Elle était précédée d'un pont-levis qui, construit en 1491 à la charge du roi, franchissait les fossés aujourd'hui comblés. La toiture d'ardoise et l'horloge datent de 1826.

Dès l'époque romaine les hommes occupaient les rives du Serein, mais les premiers seigneurs de Noyers ne sont mentionnés qu'au tout début du XIIe siècle. Hugues de Noyers, évêque d'Auxerre (1180-1206), est considéré comme le principal fondateur de la ville car c'est lui qui l'aurait fortifiée, aurait bâti le château en 1195 et reconnu son neveu Milon comme seigneur de Noyers. D'après les historiens, ce château serait devenu l'une des forteresses les plus considérables de Bourgogne, «l'un des plus beaux châteaux du royaume». Les travaux réalisés par Clérembaud de Noyers avant de partir pour la croisade de 1190, par Hugues de Noyers vers 1195 et par le maréchal de Noyers en 1303 prouvent en tout cas que cette place forte était importante pour la défense de la région.

Cette châtellenie passe dans le patrimoine des ducs de Bourgogne en 1423 puis revient à la Couronne en 1477 après l'annexion de la Bourgogne par Louis XI. En 1508 la seigneurie de Noyers passe aux Orléans-Rothelin, puis en 1565 à Louis de Bourbon, prince de Condé, qui vient à Noyers épouser Françoise d'Orléans. Devenu l'un des principaux chefs protestants, Condé verra son château, trente années durant, enjeu de combats. Finalement celui-ci est pris en 1599 et démantelé sur l'ordre de Henri IV; désormais, la forteresse disparaît peu à peu, ruinée par les habitants à qui elle sert de carrière.

En 1590 Noyers compte 529 feux, soit entre 2500 et 3000 âmes. Vers le milieu du XIXe siècle on dénombre encore plus de 1700 habitants vivant tant du travail de la vigne que de l'industrie textile. Aujourd'hui, la population n'est plus que de 668 habitants.

Pour en savoir plus :

«Noyers», guide édité par l'Association des Amis du Vieux Noyers, Tonnerre 1975.

«Histoire du château de Noyers-sur-Serein», par G. Delagère, édité par l'auteur, Tonnerre 1987.

La ville s'inscrit dans une boucle du Serein au pied d'un éperon rocheux où s'élevait autrefois le château. Elle est dominée par la masse imposante de l'église Notre-Dame, édifice typique du gothique flamboyant. Le bourg était ceint d'un rempart flanqué de vingt-six tours dont une vingtaine subsistent mais très mutilées ou intégrées dans les maisons. Les courtines qui les reliaient ont presque partout disparu car, en 1788, le duc de Luynes les fit abattre pour créer une promenade autour de la ville. Ici, au premier plan, couverte de lauzes, la tour dite de la Cave aux Loups est la mieux conservée de ces tours de flanquement. ▸

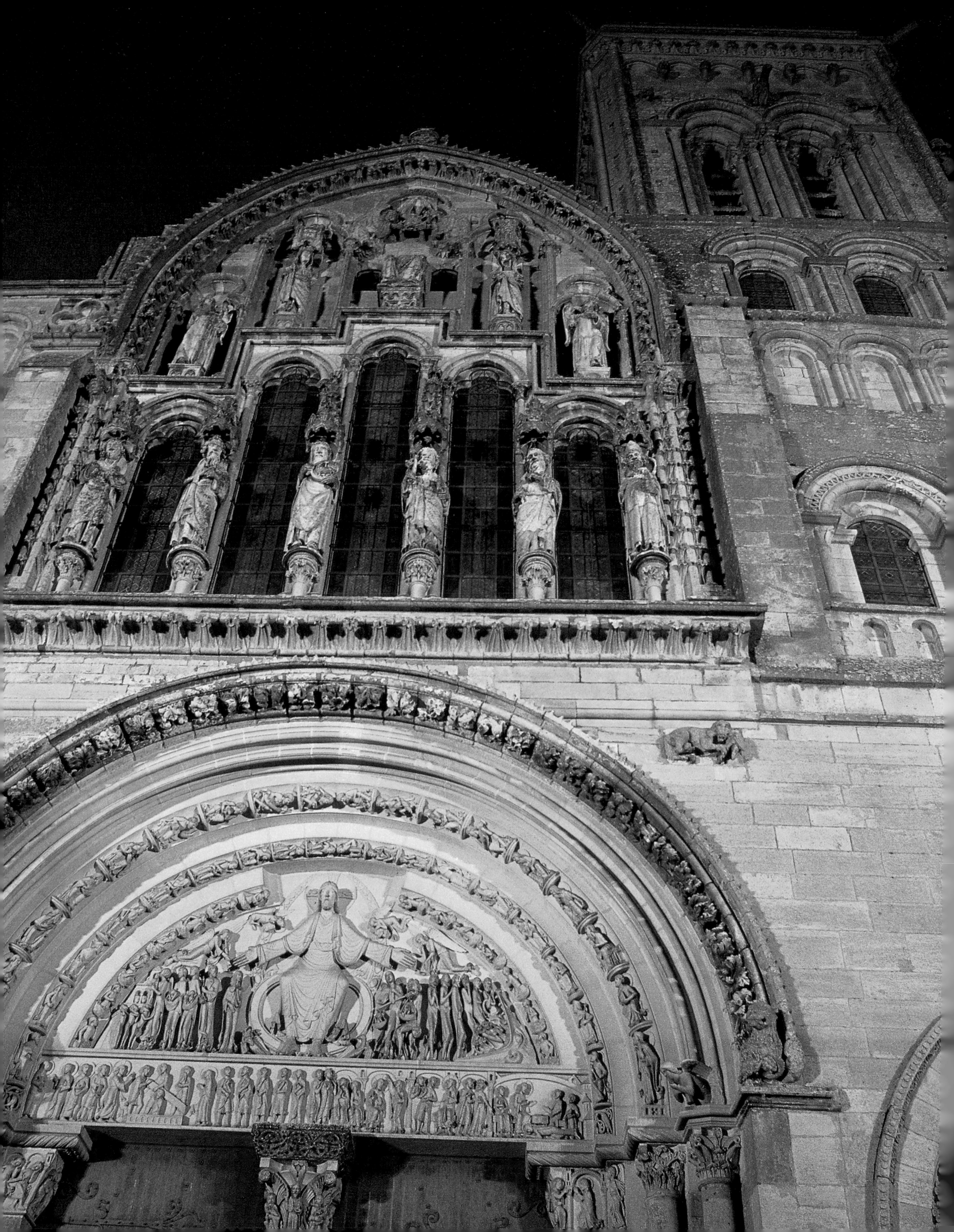

VÉZELAY YONNE

L'histoire et la légende se confondent pour nous faire connaître les origines de l'abbaye de Vézelay autour de laquelle naquit le bourg. L'histoire, c'est celle que rédige au milieu du XIIe siècle Hugues de Poitiers, moine ici même; la légende, celle que répand vers la même époque la geste de Girart de Roussillon. Avec son épouse Berthe il fonde en 858 ou 859 deux monastères, dont l'un de moniales, dans la vallée de la Cure à l'emplacement de l'actuel village de Saint-Père. En 887, devant la menace normande, la communauté religieuse se transporte sur la colline : ainsi naîtra Vézelay.

Passé les terreurs de l'an mille et après que deux papes eurent confirmé l'authenticité des reliques de Marie-Madeleine (dérobées à Arles), Vézelay sera pendant près de deux siècles un lieu de pèlerinage insigne de la chrétienté. L'afflux des pèlerins, la prospérité de l'abbaye, l'éclat des grandes foires, le développement du vignoble et du commerce local, etc., allaient permettre, entre 1096 et 1185, plusieurs campagnes successives de reconstruction de l'abbaye, toujours plus ambitieuses. Malgré les querelles qui, jusqu'au XIIIe siècle, opposent les abbés aux bourgeois, les plus illustres personnages gravissent les pentes de la colline : Philippe Auguste, Richard Cœur de Lion, Saint Louis...

La fin du XIIIe siècle marque la décadence de la prestigieuse abbaye : la protection royale n'y pourra rien et le rôle historique et spirituel de Vézelay s'efface peu à peu dans le contexte troublé des XIVe et XVe siècles. La Révolution survient alors que le palais abbatial est en

◄
Dessinant une silhouette très caractéristique, la façade de l'abbatiale était modifiée dès le XIIIe siècle par l'adjonction de ce grand fronton où alternent les statues des saints et de hautes et étroites baies. Au-dessus, sur le fronton, deux anges, la Vierge et Marie-Madeleine encadrent le Christ. En dessous, le tympan du portail central date de la restauration de Viollet-le-Duc et s'inspire des jugements derniers du XIIe siècle.

Étirée sur l'arête d'une croupe calcaire, la ville s'est développée le long d'une rue unique, la rue Saint-Étienne, ici, que prolonge dans sa montée vers l'abbatiale la rue Saint-Pierre d'où est prise cette photo. A droite, la maison aux grandes croisées est celle où naquit en 1519 Théodore de Bèze, disciple et successeur de Calvin. ►

Haut lieu de la chrétienté, la colline de Vézelay est bien l'un de ces sites «éternels», où, depuis des siècles, souffle l'Esprit. L'Unesco ne s'y trompa point en classant la basilique et la colline au sein du patrimoine mondial. Vézelay, c'est avant tout, bien sûr, un monument exceptionnel de l'art roman, mais c'est aussi, plus modestement, un village né sans doute de la foi médiévale qui y transmua la pierre et dont le charme est aujourd'hui préservé. ►

pleine reconstruction : il ne sera pas achevé. En 1790, les bâtiments conventuels sont systématiquement détruits et en 1795 seule l'affectation paroissiale de l'église de la Madeleine sauvera le monument de la destruction.

C'est une église en piètre état que découvre le premier inspecteur des Monuments historiques, Prosper Mérimée, en 1834. Le jeune Viollet-le-Duc n'aura pas la tâche facile : entre 1840 et 1859 il mènera cependant une restauration exemplaire. En 1876 des reliques de sainte Madeleine sont rapportées à Vézelay et en 1920 l'ancienne abbatiale est érigée en basilique.

Vézelay n'abrite plus aujourd'hui que 383 habitants alors qu'il y en eut près de 15 000 au Moyen Age!

Pour en savoir plus :

«Guide Bleu Bourgogne», Éditions Guides Bleus - Hachette, Paris 1987.

«Sauvons les remparts de Vézelay», dossier réalisé et édité par Les Amis de Vézelay, Vézelay 1984.

Le bourg est resté circonscrit dans ses remparts du Moyen Age; au premier plan, les faubourgs hors les murs sont peu de chose et ne se développeront qu'au contact du champ de foire, élément capital de l'économie locale jusqu'en 1914. Ne pouvant s'étendre en surface, la ville médiévale utilise au mieux l'espace intra-muros en superposant les niveaux : des salles souterraines – environ soixante-dix sont aujourd'hui répertoriées – doublaient l'espace vital afin d'accueillir, sous les demeures romanes des bourgeois, les grandes foules des pèlerinages et des foires.

Dans la rue Saint-Pierre, cette tourelle d'escalier en encorbellement dite «tourelle Gaillon» est l'un des rares témoins de la prospérité des bourgeois de Vézelay au XVIe siècle. Au fond, l'église Saint-Pierre fut détruite en 1804 et seul subsiste son clocher de 1689.

LOCRONAN **FINISTÈRE**

Loc (du latin *locus*) désigne en Bretagne un lieu sacré, et Ronan est un saint d'origine irlandaise. La légende et une biographie en latin rédigée à Quimper vers 1235 sont les principales sources qui fondent notre connaissance de ce saint. Ronan serait venu en Bretagne au xe siècle chercher la solitude nécessaire à une vocation contemplative. Il aborde la côte du Léon et s'y fixe, mais ses mérites attirant la foule, il fuit vers le sud jusqu'à la forêt de Névet. Un paysan l'aide à s'installer mais sa femme va poursuivre Ronan de ses calomnies. Lassé d'un tel acharnement, celui-ci part pour Hillion (près de Saint-Brieuc) où il meurt bientôt. Les comtes de Vannes, Rennes et Cornouaille vont alors se disputer pour lui donner une sépulture. Pour les départager, on laissera des bœufs tirer où ils le voudront la dépouille mortelle. Le convoi se dirige vers la forêt de Névet mais s'arrête à Trobalo, et n'en repart qu'après que le comte de Cornouaille eut fait don de la terre où précisément se trouve l'ancien ermitage que le saint avait dû fuir.

Les miracles se multiplient sur la tombe, et un culte s'organise qui va donner naissance à la célèbre Troménie. Ce mot vient de « tro minihy » (tour du monastère) et désigne la procession rituelle : la grande Troménie (plus de douze kilomètres) a lieu tous les six ans (quinze mille personnes en 1737, quarante mille au début du siècle), tandis que la petite Troménie (cinq kilomètres) a lieu chaque année.

La Troménie faisait vivre le clergé et tous les artisans œuvrant pour l'Eglise, mais la grande majorité des habitants de la ville n'en tirait guère d'avantages et il faut chercher ailleurs l'origine des magnifiques bâtiments qui font aussi le charme de Locronan. Depuis le xve siècle, une industrie de la voile s'est implantée dans la région afin de répondre à une demande de voiles (« olonnes » ou « poldavis ») pour les navires. Jusqu'en 1636, la toile tissée à Locronan détient le premier rang dans la marine anglaise et fournit même le marché espagnol ! Ce marché prospère permet à la ville de tenir durant les temps austères des guerres de Louis XIV, celles de Succession d'Autriche et de Sept Ans. Mais s'il existait à Locronan de véritables tisserands vivant de leur atelier, presque la moitié des pièces sont fabriquées dans les fermes à partir d'une production familiale de chanvre. On constate d'ailleurs que les travaux agricoles importants (fenaison, labours) provoquent une baisse sensible du nombre de toiles offertes à la vente. La prospérité décline dans les années prérévolutionnaires. Locronan résiste d'autant plus mal à la concurrence de Rennes et des nouvelles manufactures royales que le nombre de ses marchands s'était restreint au point qu'une dame finit par être « seule concessionnaire ». A la fin du second Empire, le conseil municipal parle des « malheureux habitants de cette triste bourgade » et recense 25 tisserands pour 700 habitants.

Fermée sur son côté ouest jusque vers 1875 (accès principal aujourd'hui), la place de l'Église ne s'ouvrait que par deux « grandes » rues : la rue Lann au sud-ouest et ici, au sud, la rue Saint-Maurice (du nom d'une chapelle disparue). Bordée de modestes maisons anciennes, cette rue doit beaucoup au cinéaste Roman Polanski qui, pour le tournage de « Tess d'Uberville » (1979), financera la disparition des derniers signes de modernité.

La célèbre place de l'Église (monument historique) est sans conteste l'une des plus belles places de France. Les maisons qui la bordent composent un formidable écrin de granit à l'église. Les cinéastes ne s'y sont point trompés en utilisant comme décor cet ensemble sobre et presque austère, noble et simple à la fois. Le côté nord s'articule autour du puits banal, autrefois seul point d'eau du village. A droite, cette vaste demeure fut celle de l'officier de la Compagnie des Indes (XVIIe s.); à gauche, cette haute maison sommée d'une lucarne datée de 1669 fut jadis occupée par le Bureau des toiles, où les officiers royaux apposaient la marque.

La pauvreté qui éprouva ses habitants a préservé, en contrepartie, son héritage architectural : quand on n'a pas les moyens de faire du neuf, on entretient l'ancien, d'autant plus facilement que celui-ci est solide. Restera au XXe siècle à en faire une source de richesse. Deux hommes vont sauver Locronan en lui faisant préserver et mettre en valeur son patrimoine architectural. Guillaume Hémon, agriculteur, tambour de troménie et conseiller municipal de 1896 à 1953, sera l'homme de terrain. Charles Daniélou, ministre radical, maire de Locronan à partir de 1912, sera, avec son épouse, l'organisateur et le responsable des dossiers de classement, de restauration et de subvention. A l'heure où tant de villes saccagent leurs vieux logis, Locronan récupère des lucarnes à Quimper, répare les rues, interdit les démolitions. Grâce à quoi un flux touristique s'organise et va grossir d'année en année...

Aujourd'hui Locronan compte 429 habitants.

Pour en savoir plus :

Guide Bleu Bretagne, Hachette, Paris 1987.

« Locronan », par Maurice Dilasser, Éditions Ouest-France, Rennes 1981.

Les belles maisons de Locronan ne doivent cependant pas faire illusion : sous l'apparente homogénéité des façades se cachent souvent des remontages soigneux. Quelques façades, plusieurs lucarnes provenant de la prison de Quimper ou taillées à l'imitation de leurs voisines sont des apports plus récents qu'ils paraissent. Ici, au fond de la venelle, cette maison a été remontée vers 1930 avec des éléments anciens.

L O C R O N A N **FINISTÈRE**

Entre Armor et Argoët, Locronan occupe le versant nord-ouest d'une colline qui domine la vaste plaine du Porzay, celle-ci ondulant vers l'ouest (à gauche, hors champ) jusqu'à la baie de Douarnenez. Vu ici sur son côté sud, ce village remarquable donne l'impression de remonter le temps ; il y a bien un quartier moderne mais il est invisible, établi nettement à l'écart du centre historique.

Privée de sa flèche (la foudre l'a brisée en 1808), l'église Saint-Ronan a été édifiée de 1420 à 1444 « en forme de cathédrale » : c'est un des plus beaux exemples de l'art flamboyant breton car aucune retouche n'est venue modifier le travail commandé par les ducs de Bretagne. Seule la maîtresse vitre restait à poser, ce qui sera fait vers 1480. Les architectes s'attacheront ensuite à la réalisation du Pénity (au premier plan), tout contre l'église, là où dut s'élever la chapelle primitive, et au début du XVIe siècle l'ensemble est achevé.

Vues des toitures de l'église, les maisons de la place de l'Église témoignent de la prospérité de Locronan au temps où la marine à voile connaissait son plein essor. Pas étonnant que la plupart d'entre elles datent du XVIIIe siècle, quelques-unes du siècle précédent. Y logeaient les agents de la Compagnie des Indes, les notaires royaux, les riches marchands. Ces élégants logis ne doivent cependant pas faire oublier les maisons plus modestes, tout aussi anciennes, du reste du village, notamment celles des rues Moal, Lann, Saint-Maurice et des Charettes.

La puissance et la richesse des seigneurs de Rochefort expliquent la qualité du patrimoine architectural de la petite cité. Si l'on en croit un acte signé en 1548 par Suzanne de Bourbon, veuve de Claude de Rieux-Rochefort, la seigneurie était extrêmement riche et puissante. Ce n'est donc pas un hasard si les plus belles maisons datent de cette époque : ainsi, cette maison de la Grande-Rue qui présente une fenêtre très ouvragée, sans doute inspirée de la Renaissance italienne.

Comprenant l'intérêt stratégique du site de Rochefort, les Romains y installent villas et temples et le fortifient en construisant un camp à l'ouest, du seul côté où, relié au plateau voisin, il soit facilement accessible. La «Roche-Forte» est née. Au Moyen Age, une motte féodale succède au castrum, dominant au nord un petit village sis près d'un gué, au débouché de la trouée du Gueuzon. Au XIIe siècle elle possède déjà un donjon et les seigneurs favorisent la création, à proximité, d'un bourg et d'une église dédiée à Notre-Dame, rempart spirituel dans cette Bretagne des châteaux forts. Plus tard, les Rochefort s'allient aux Rieux et prennent de l'importance dans le duché.

Née à l'ombre du château, l'agglomération s'entoure de murailles au XVe siècle. Sur la colline, le nouveau bourg est le domaine des commerçants (cohue), du clergé et des administrateurs seigneuriaux. Au pied de la colline le vieux bourg regroupe tanneurs, sabotiers, tisserands et cordiers. La trop grande notoriété des seigneurs de Rochefort (Jean IV de Rieux, maréchal de Bretagne et tuteur de la duchesse Anne à la fin du XVe siècle, les Coligny à partir de 1567) vaut à la place forte d'être démantelée en 1488 et en 1594. Racheté en 1658 par le président du parlement de Bretagne François Exupère de Larlan, le château est reconstruit dans le style du XVIIe. Après la prise de Rochefort par les Chouans, il est à nouveau démoli (avril 1793). Le bourg poursuit son développement grâce à l'industrie du textile, du bois, de l'ardoise, et d'un actif négoce qui nécessite la construction de nouvelles halles, à l'est de l'ancienne cohue.

Le tourisme fait son apparition au début du siècle, grâce à l'auberge Lecadre qui attire paysagistes et miniaturistes. Parmi eux, le peintre

Entre la place des Halles (reconstruites en 1627) et celle du Puits, la Grande-Rue laisse apparaître de magnifiques maisons du XVIe siècle, anciens hôtels particuliers des administrateurs seigneuriaux (sénéchal, alloué, procureur, greffiers, magistrats, avocats, notaires, etc.). Cette maison en est la plus connue : soigneusement appareillé et mouluré, le granit est utilisé en façade comme signe extérieur de richesse mais le schiste est omniprésent dans le reste de l'édifice.

américain Alfred Patridge Trafford Klots achète, en 1908, les ruines du château et s'installe dans les communs. A partir de 1911, il organise chaque année un concours de maisons fleuries en fournissant aux Rochefortais des plants de géranium lierre, qu'il entrepose dans ses serres en hiver. Le premier concours de maisons fleuries de France naît ainsi à Rochefort. Reconstruit à partir de 1927 par M. Klots, le château est racheté en 1978 par le département qui y ouvre un musée régional. Aujourd'hui Rochefort est devenue une station touristique appréciée et compte 613 habitants.

Pour en savoir plus :

Guide Bleu Bretagne, Hachette, Paris 1987.

« Rochefort-en-Terre », par Gérard Rineau, Éditions Ouest-France, Rennes 1988.

Au cœur de l'Argoët, autrefois dominé par les tours de son château (dont on aperçoit la chapelle, en haut à droite), Rochefort-en-Terre étire ses maisons sur un éperon rocheux qui surplombe le vallon du Candré. Cette «ville haute» était le quartier des gens fortunés, par opposition au «vieux bourg» des artisans, site primitif de Rochefort établi sur la pente nord de l'éperon, face au vallon du Gueuzon.

APREMONT-SUR-ALLIER **CHER**

L'Allier décrit devant Apremont une large courbe majestueuse qui contribue beaucoup au charme et à la beauté du site. Le port d'embarquement des pierres de taille n'est plus qu'un souvenir et la rivière, guéable en cet endroit l'été, n'est plus fréquentée aujourd'hui que par les pêcheurs de saumon. ▶

La position qui commande la route longeant l'Allier est fortifiée dès le haut Moyen Age. Au château médiéval succédera au XVe siècle un «bel et nostable chastel» décrit dans deux chartes de 1409 et 1467. Apremont était autrefois un village de carriers; les nombreuses carrières des environs fournissaient en abondance des pierres de bonne qualité qui, taillées, étaient acheminées par l'Allier et la Loire sur des bateaux à fond plat. Ces pierres ont servi à la construction de prestigieux édifices religieux comme ceux d'Orléans ou de Saint-Benoît-sur-Loire. C'est à Eugène Schneider, le chef de la dynastie industrielle du Creusot, qu'Apremont doit sa «renaissance». En 1894 il épouse l'héritière d'Apremont, Antoinette de Saint-Sauveur, puis entreprend d'importants travaux sur le château. Mais plus encore, en 1930, avec l'aide de l'architecte M. de Galéa, il va entamer un patient travail de reconstruction visant à faire d'Apremont un village «typiquement bourguignon». Ainsi, tout ce qui n'est pas ancien ou en harmonie avec le site sera rasé pour être reconstruit dans le style médiéval! Après sa mort, en 1942, Antoinette Schneider puis leurs descendants poursuivront son œuvre : la création d'un parc floral en 1971 et l'ouverture, dans les écuries du château, d'un musée de calèches en 1976 assureront l'essor touristique du village.

Apremont compte 55 habitants.

Pour en savoir plus :

«Architectures en région Centre (Val de Loire, Beauce, Sologne, Berry, Touraine)», le Guide du Patrimoine par Jean-Marie Pérouse de Montclus, Éditions Guides Bleus-Hachette et Conseil général du Centre.

Sur une hauteur de la rive gauche de l'Allier, dominant le village, le château d'Apremont commande depuis bien longtemps la seule voie qui longe le cours de la rivière. Il fut en partie reconstruit par Philibert de Boutillat, bailli de Nevers, trésorier de France, mort en 1488. Agrandi et remanié au XVIIe siècle, il sera profondément restauré au XIXe par les Saint-Sauveur (propriétaires depuis 1722) puis au début du siècle par Eugène Schneider. Le village, quant à lui, est un modèle de reconstitution archéologique; d'où cette étonnante homogénéité architecturale qui fait songer à un décor de théâtre.

S A N T ' A N T U N I N U **HAUTE-CORSE**

SANT'ANTUNINU HAUTE-CORSE

Les origines de Sant'Antuninu, comme celles des autres villages de Balagne, sont occultées par les lacunes des sources écrites. Mais il est probable que dès le IXe siècle apparurent en Balagne des «castra», dénommés aussi «castelli», situés sur des points stratégiques, permettant de surveiller les vallées et de contrôler les communications avec le littoral. Rapidement, les rivalités provoquent l'éclatement de certaines familles seigneuriales : les Pinaschi, qui dominent la région, se livrent à des luttes fratricides, chaque seigneur fortifiant un éperon rocheux – Curbara, Spiluncatu, Sant'Antuninu – et pillant ou rançonnant les populations alentour. La révolte «di Commune» en 1358 met fin à la domination seigneuriale pour laisser la place à celle des chefs du peuple, les «caporali», ou caporaux. En Balagne émergent les «casate» (familles) de Sant'Antuninu et de Curbara qui, aussitôt, reprennent les anciennes luttes seigneuriales. Les affrontements qui opposent périodiquement les caporaux de ces deux villages sont une constante de l'histoire balanine. Pour supplanter le clan rival, chaque groupe n'hésite pas à contracter des alliances en dehors de la «pieve» (circonscription ecclésiastique), auprès des seigneurs et des puissances extérieures : le royaume d'Aragon, Gênes ou la France. C'est ainsi que Sant'Antuninu participe aux grands épisodes de l'histoire insulaire.

Au XVIe siècle, pendant la «guerre des Français», alors qu'Anton Paolo de Sant'Antuninu assure courageusement la défense de Calvi assiégée par les Franco-Turcs, le village sert de base fortifiée aux troupes de Sampieru Corsu et à leurs alliés. Quand les Génois victorieux en Balagne récupèrent le site, ils font raser toutes les «case forte» des partisans des Français. Si la deuxième guerre de Sampieru (1564-1569) trouve encore un faible écho dans le village, à partir de la fin du XVIe siècle Sant'Antuninu cesse d'être au premier rang de l'histoire insulaire. En 1498, les villageois sont groupés en quelque 45 feux. Le village de 1950 gardait 151 habitants, amputé de plus de 200 personnes par rapport à 1803. Aujourd'hui 75 habitants restent au village.

Pour en savoir plus :

«Sant'Antuninu (Sant'Antonino)» articles de Mlles Janine Renucci et Évelyne Gabrielli, plaquette bénévole éditée par la municipalité de Sant'Antuninu, Curbara 1983.

Dominant un paysage superbe qui embrasse d'un côté la montagne et de l'autre la mer, le village a progressivement fait peau neuve. Mais en dépit de nombreuses modifications le Sant'Antuninu d'autrefois se retrouve dans la structure du village actuel : archétype du village acropole, il se confond avec le rocher sur lequel il est implanté, ses maisons massives blotties autour du «castrum» disparu s'élèvent vers le ciel pour compenser le manque d'espace, leurs murs presque accolés les uns aux autres semblent former un rempart et les étroites ruelles se faufilent entre les bâtisses, formant çà et là des passages voûtés sous les maisons.

Au centre de la Balagne, sur la crête qui sépare les plaines de Reginu et d'Algajola, Sant'Antuninu se dresse en nid d'aigle à près de cinq cents mètres au-dessus du niveau de la mer. En contrebas s'installent les olivettes alors que la majeure partie des cultures céréalières se font dans la plaine. Dès 1782, le plan Terrier signale que la communauté Aregnu-Sant'Antuninu est «la seule de Corse» dont tout le territoire est cultivé, et cela malgré la raideur des pentes que domine le village.

Cité pour la première fois dans des textes du XIIe siècle, Lods compte, vers le milieu du siècle suivant, parmi les trente-deux villages «mouvants» de la seigneurie de Châteauvieux de Vuillafans constituée par le comte de Bourgogne en faveur de son neveu Amédée III de Montfaucon. En 1318 celle-ci échoit aux comtes de Montbéliard puis se morcellera vers la fin du XVe siècle. En 1758, Guy Michel de Durfort de Lorges devient seigneur de Lods par alliance et modernise les forges rudimentaires qui existaient déjà sur les berges de la Loue. Cent cinquante années durant les ateliers ainsi créés : laminoir, tréfilerie, clouterie, assureront – avec quelques moulins et scieries – la prospérité du village.

Implantée par les moines défricheurs et développée par les seigneurs, la viticulture constituait l'activité économique principale à Lods du XVIe siècle au milieu du XIXe où elle atteindra son apogée avec une centaine d'hectares plantés. La métallurgie connaît également son plein essor : les forges emploient alors 493 ouvriers et sont considérées – pour l'importance de leur personnel – comme la seconde usine du département. Puis c'est la décadence : tuées par le progrès et leur vétusté, les forges s'éteignent. En 1925, la fabrication de clous est arrêtée; le laminoir survivra jusqu'à la fermeture définitive de l'usine en 1942, en attendant celle des dernières scieries dans les années 1970.

Parallèlement, le phylloxéra, la concurrence des vins du Midi et la guerre de 1914-1918 ont raison de l'obstination des vignerons : en 1925, rares sont ceux qui ne vivent que de la vigne; aujourd'hui un petit musée perpétue le souvenir de cette activité qui a complètement disparu.

En 1688 le village comptait 436 âmes; en 1866 la population atteint son apogée avec 1431 habitants; ils ne sont plus que 321 actuellement.

Pour en savoir plus :

«Dictionnaire des communes du département du Doubs», sous la direction de Jean Courtieu, Éditions Cêtre, Besançon 1985.

On a peine à imaginer ce que fut le village dans les années 1860 alors que plus de cent hectares de vignes lui faisaient écrin et que près de cinq cents ouvriers s'activaient dans les industries des berges de la Loue! A l'est de la ville haute (au fond, à droite de la photo) cette maison forte aurait appartenu à la famille de Thoraise dont on retrouve la trace à Lods dès 1358.

A deux kilomètres de Lods, dans un cadre remarquable où les célèbres cerisiers à kirsch sont encore nombreux, Mouthier-Hautepierre occupe un replat entre la Loue et la montagne et s'ordonne autour de ruelles étroites et tortueuses que bordent des maisons vigneronnes dont certaines datent du XVIIe siècle. Dès le XVIe, la culture de la vigne, quoique prédominante, est partagée avec celle des arbres fruitiers et surtout des cerisiers. La fabrication du kirsch à Mouthier remonte au XVIIIe et il fut estimé au siècle suivant que «c'est dans le val de Mouthier que se fabriquent les meilleures eaux de cerises de France». ▶

Dans un paysage superbe et préservé, Lods étage ses maisons dans un étranglement de la vallée de la Loue. Aujourd'hui encore, le village offre dans sa structure le visage de ces deux pôles dynamiques que furent la viticulture et la métallurgie : le quartier «neuf» du bord de la Loue côtoie le quartier «vieux» de la ville haute (ici), composé essentiellement de demeures vigneronnes dont les plus anciennes datent du XVIe siècle.

LAGRASSE **AUDE**

Au sein du massif des Corbières, dans un cadre préservé de collines arides et de vignes, Lagrasse garde le renom de son abbaye qui, durant plus de mille ans, connut grandeur et décadence. Sur la rive gauche de l'Orbieu, elle est toujours dominée par un clocher inachevé, quelque peu démesuré, édifié sous l'abbatiat de Philippe de Lévis (1501-1537) et dont la flèche ne fut jamais construite. Sur la rive droite, la ville était ceinte d'un rempart fortifié dont quelques vestiges subsistent.

Face à la vieille halle, ces deux chapiteaux superposés, l'un de pierre à deux visages, l'autre en bois sculpté et mouluré, soutiennent le couvert d'une maison depuis plus de six cents ans! Les deux poissons du blason permettent de supposer que la maison était celle d'un pêcheur ou que le couvert abritait, les jours de marché, l'étal d'un poissonnier. En 1315, le marché de Lagrasse se tient désormais sur cette place et l'abbé ordonne que les bouchers (mazels) – et donc les poissonniers – possèdent quelques étals près de la halle.

Le plus ancien document sur l'abbaye de Lagrasse est une charte de Charlemagne antérieure à l'an 800 et couramment désignée comme charte de fondation de l'abbaye Sainte-Marie d'Orbieu. En réalité, par cette charte, Charlemagne n'a fait que confirmer la fondation d'un monastère déjà vivant qu'il a établi dans ses droits et possessions. Les donations vont se multiplier et, du IXe au XIIe siècle, le monastère connaît un essor considérable, ses possessions s'étendant depuis l'Albigeois jusqu'à Saragosse! Parmi les grands abbés de Lagrasse, outre le réformateur Dalmace (fin du XIe), devenu archevêque de Narbonne, il convient de citer Auger de Gogenx (1279-1309), réformateur et bâtisseur; en effet, une grande partie des constructions médiévales (l'église et l'ancien logis abbatial avec sa chapelle) sont contemporaines de son règne.

Après des périodes troublées (notamment l'épidémie de peste de 1348-1349 et les conséquences de la guerre de Cent Ans), l'abbaye connaît un renouveau spirituel et intellectuel au XVIIe siècle avec l'introduction de la réforme de Saint-Maur (1662) et un renouveau d'ordre architectural au XVIIIe siècle avec l'édification du nouveau palais abbatial et du cloître actuel, sous l'impulsion d'un autre abbé bâtisseur, Armand Bazin de Bezons.

La période révolutionnaire voit la vente du monastère (20 octobre 1792) en deux lots distincts, division subsistant jusqu'à nos jours : une partie est occupée par une communauté de la Théophanie, tandis que l'ancien logis abbatial est géré par la mairie de Lagrasse. La petite ville compte aujourd'hui quelques 612 habitants.

Pour en savoir plus :

« L'abbaye de Lagrasse, guide du visiteur », par Jean Blanc, Archéologie du Midi médiéval et comité départemental du Patrimoine culturel audois, Carcassonne 1987.

Le vieux pont de Lagrasse fut probablement construit au XIIIe siècle pour relier le monde des religieux (l'abbaye) à celui des civils (la ville). D'après les armoiries de la ville, il était surmonté de trois tours-portes carrées qui en défendaient l'accès. Sa grande arche a été partiellement réparée après 1618 et son « dos d'âne » médiéval fortement adouci; les traces de ce remaniement sont ici bien visibles. ▶

L A R O Q U E - S U R - C È Z E **GARD**

La Roque-sur-Cèze est l'exemple type de ces villages entièrement et soigneusement restaurés, dont l'unité architecturale et l'homogénéité, leur donne cet aspect harmonieux. De plus les rues étant réservées aux seuls piétons, le village peut retrouver son charme ancien.

Le château qui couronne le village et qui commandait la vallée de la Cèze est cité dès le XIIe siècle («castrum de Roccha», 1156). A cette époque, La Roque fait partie du domaine de l'évêque d'Uzès, comme l'atteste un diplôme de Louis VII daté de 1156 qui confirme les biens de l'évêché d'Uzès. Près du château, au bord de l'à-pic, une église (chapelle castrale ?) fut bâtie probablement au commencement du XIIe siècle ; c'est d'ailleurs à cette époque que l'on peut faire remonter la naissance du village. Cette église romane, dédiée à saint Michel puis à saint Pierre ès Liens constituait, jusqu'à la Révolution, un prieuré annexé à celui de Saint-Laurent-de-Carnols (diocèse d'Uzès, doyenné de Cornillon). Au cours des guerres de Religion, les catholiques se réfugièrent à La Roque mais ils ne purent empêcher les protestants d'y pénétrer en 1573.

Le dénombrement de 1384 n'attribue que quatre feux (une vingtaine d'habitants) à La Roque, en y comprenant Saint-Laurent-de-Carnols. Aujourd'hui le village héberge 118 personnes.

Pour en savoir plus :

«Dictionnaire topographique, statistique et historique du diocèse de Nîmes», par l'abbé Goiffon, Nîmes 1881.

«Études d'histoire et d'archéologie romane – Provence et Bas Languedoc», par L. H. Labande, tome I, Avignon et Paris 1902.

Pittoresque village perché, La Roque-sur-Cèze étage ses maisons sur le versant méridional d'une colline qui domine la rive droite de la Cèze. On y accède par un robuste pont à douze arches, le pont Charles-Martel, probablement d'origine médiévale qui confère un attrait supplémentaire au site. ▶

Le village est dominé par le château seigneurial (privé) et par une petite église romane bâtie sur le bord de l'à-pic nord. Jusque dans les années 1880 cette chapelle servait d'église paroissiale; mais devant la difficulté de son accès et l'augmentation du nombre des fidèles, une autre église a été construite au bas du village.

S A I N T - G U I L H E M - L E - D É S E R T **HÉRAULT**

Nous savons assez peu du personnage cité sous le nom de Guilhem qui a donné son nom au monastère de Gellone et au village qui s'est constitué sous sa protection. Né vers 750, Guilhem – Guillaume en langue d'oc – était au sommet de sa gloire lorsqu'il retrouva un ami d'enfance, le Goth Witiza qui avait tout abandonné pour devenir moine sous le nom de Benoît et qui venait de fonder le monastère d'Aniane (780). Conseillé et aidé par lui, Guilhem fonda en 804 deux «cellae» à Gellone où s'installèrent quelques moines. C'est là qu'il mourut en odeur de sainteté le 28 mai 812 et qu'il fut enterré dans un angle du cloître. L'abbaye devient alors un véritable lieu de pèlerinage dont le prestige est encore accru par les très précieuses reliques qui y sont conservées. Du xe au xiiie siècle, le monastère étend sa réputation et la «Geste de Guillaume d'Orange» ajoutera au renom de Gellone.

Le premier coup porté à l'abbaye fut la nomination, à partir de 1465, d'abbés commendataires qui étaient aussi évêques de Lodève et dont le seul but était de tirer le plus grand profit de cette abbaye qui avait su résister à leur convoitise pendant les siècles précédents. En 1569, les protestants pillèrent le monastère et l'église et mirent en pièces le tombeau de saint Guilhem. A partir de ce moment, le déclin fut presque irréversible et, pour réparer les dégâts, les moines durent vendre ce qui avait échappé au sac. En 1624, on fit appel aux bénédictins réformés de Saint-Maur pour rétablir la discipline monastique. Ceux-ci restèrent jusqu'à la Révolution et sauvèrent cet ensemble monumental de la ruine.

Au cours de travaux effectués en 1679, on découvrit les reliques de saint Guilhem qui avaient été cachées lors des guerres de Religion. Lorsque l'abbaye fut vendue à la Révolution, elle n'était plus que l'ombre d'elle-même.

Le val de Gellone est une étendue de montagnes escarpées, arides et sauvages. L'eau y est rare et les falaises abruptes. C'est dans ce paysage admirable que vint s'installer au début du ixe siècle une petite communauté monastique sous l'égide de Guilhem, duc d'Aquitaine. Plus de deux siècles après sa mort, le monastère et l'église (à gauche) seront entièrement reconstruits sous les auspices de l'abbé Pierre Ier (1050-1077) de façon à accueillir les pèlerins toujours plus nombreux. Profitant du rayonnement de l'abbaye, le village se développe peu à peu; il est dominé par les ruines du château de Verdus, ou Verdun (à droite), cité pour la première fois au début du xie siècle.

L'un des charmes de Saint-Guilhem-le-Désert réside dans l'enchevêtrement de ses vieilles maisons et dans l'existence de plusieurs maisons à façade romane. Ici, dans la rue de la Chapelle des Pénitents, ces deux maisons romanes contiguës ont été récemment restaurées; leurs façades présentent une corniche soulignée par une frise de «dents d'engrenage», décor que l'on retrouve sur l'abside de l'église.

En effet, en 1783, son dernier abbé commendataire, Mgr de Fumel, évêque de Lodève, avait obtenu du pouvoir royal la suppression de l'abbaye et l'attribution de tous ses biens à l'évêché de Lodève. Les bâtiments, autres que l'église, abritèrent par la suite une filature de coton, un atelier de tannerie et plusieurs maisons privées. Le cloître servit de carrière de pierres et la plus grande partie des sculptures fut vendue ou dispersée. Seule l'église, qui devint paroissiale, échappa au massacre.

Au début du XIXe siècle, la population avoisinait les 1 000 habitants pour décroître progressivement jusqu'à 223 aujourd'hui.

Pour en savoir plus :

«Saint-Guilhem-le-Désert et sa région», nouvelle édition, ouvrage collectif publié par l'Association des Amis de Saint-Guilhem-le-Désert, Millau, juin 1986.

«Saint-Guilhem-le-Désert, la vision romantique de J.-J. Bonaventure Laurens», commentaire des dessins par Robert Saint-Jean, publié par l'Association des Amis de Saint-Guilhem-le-Désert, Anduze, mai 1980.

Malgré les nombreuses mutilations et restaurations dont il a fait l'objet, l'ensemble abbatial de Saint-Guilhem dégage toujours une impression de grandeur et d'équilibre. A gauche, le clocher est en fait une tour défensive qui fut élevée au XVe siècle sur le porche d'entrée roman du XIIe. Juste derrière, la petite tour Saint-Martin est un vestige de l'abbatiale carolingienne; la tradition locale plaçait à sa base la cellule de saint Guilhem, ce qui explique sa conservation lors de la reconstruction de l'église dans les années 1050. Au fond, échafaudée, la tour dite des Prisons est un des rares vestiges de l'enceinte urbaine.

La rue Saint-Jean est ainsi nommée depuis au moins le XIVe siècle puisqu'elle conserve, dans une niche en surplomb, une statue du saint de cette époque. Également appelée « el carrer major » (la rue majeure), cette rue est remarquable par sa succession de façades médiévales (hélas très dénaturées). De nombreux artisans y ont leur échoppe signalée par une enseigne en fer forgé réalisée par l'artiste local J. Claramunt.

Fondée en 1092 par Guillaume Raymond, comte de Cerdagne, Villefranche doit son existence à l'importance stratégique de sa situation : le contrôle de la vallée de la Têt et de celles de ses affluents, le Cady et la Rotjà. Au cours du XIIe siècle, les rois d'Aragon, comtes de Barcelone, accordent aux villes des comtés (Roussillon et Cerdagne) des privilèges municipaux qui leur permettent de s'enrichir. En 1126 au plus tard, Villefranche devient le siège de la viguerie, et donc capitale du Conflent; elle le restera jusqu'en 1773 où Prades la supplantera.

En 1635, la France et l'Espagne entrent en guerre. En juillet 1654, les Français assiègent Villefranche qui capitule huit jours plus tard. Craignant que la ville ne retombe aux mains des Espagnols, ils en rasent (incomplètement) les fortifications médiévales en 1656. Le traité des Pyrénées (7 novembre 1659) donne les comtés de Roussillon et de Cerdagne à la France, mais dès 1667 les deux pays sont à nouveau en guerre. Louvois, ministre de la Guerre, envoie ses ingénieurs à Villefranche et, de 1669 à 1676, Jacques de Borelly de Saint-Hilaire, « ingénieur ordinaire du roi », va diriger les travaux de fortifications de l'ensemble des places de la frontière du Roussillon. Ce n'est qu'en mars 1679 que Vauban complétera les travaux de Borelly, notamment par la construction d'un château (fort Libéria) destiné à contrôler les hauteurs qui dominent la ville. Divers aménagements aux XVIIIe et XIXe siècles n'empêcheront pas son déclassement et son abandon par l'armée à la fin du siècle dernier. Depuis la fin des années 1960, après de longues décennies d'indifférence, Villefranche est l'une des villes de France qui a le mieux restauré et mis en valeur son patrimoine architectural.

La ville est dominée par un fort dont la construction (1681), postérieure à celle des fortifications de Villefranche, est le seul véritable apport de Vauban sur le site. En 1850, on le relia à la ville par un escalier souterrain qui fut achevé trois ans plus tard (on aperçoit, à mi-pente, quelques maçonneries extérieures). Au second plan, l'ancienne porte de France – mentionnée dès 1287 – était autrefois surmontée d'une tour carrée.

En 1679, Vauban décrit Villefranche comme « une petite villotte qui peut contenir quelque 120 feux ». En 1718 l'ingénieur Joblot parle d'une ville de 500 personnes dont les casernes peuvent loger 300 soldats. En 1776 un mémoire anonyme évoque une ville de 611 personnes, toutes misérables, qui a perdu son commerce (notamment du drap, jadis si florissant) et qui se dépeuple tous les jours! Aujourd'hui les remparts de la petite cité enferment 294 habitants.

Pour en savoir plus :

« Saint-Jacques de Villefranche », par l'abbé Albert Cazes, guide touristique « Conflent », Prades, non daté.

« Guide des remparts de Villefranche-de-Conflent », par Alain Ayats et Guy Durbet, Association culturelle de Villefranche et « Revue Conflent », Perpignan 1988.

Ainsi qu'en témoigne une maquette réalisée sur l'ordre de Vauban en 1701 (musée national des Plans et Reliefs à Paris), Villefranche-de-Conflent conserve l'aspect (d'ensemble, bien sûr) qui fut le sien au tout début du XVIIIe siècle! Au premier plan, le bastion du Dauphin surplombe la confluence de la Têt et du Cady. A gauche, intra-muros, la grande caserne (actuelle HLM, récemment rénovée) fut construite en 1770 et accueillie avec soulagement par les habitants qui continuaient à loger une partie des troupes.

Remarquablement bien conservées, les fortifications de Villefranche présentent toutes les caractéristiques de l'architecture militaire du XVIIe siècle – dont Vauban fut le grand promoteur – avec toutefois, ici, la particularité d'avoir non seulement gardé le tracé du rempart médiéval, mais également d'en avoir réutilisé les vestiges (deux tours médiévales sont visibles, à droite, sur le front sud). A gauche, encadrée par les bastions de la Reine (au premier plan) et du Roi, la porte d'Espagne reçut un parement identique à la porte de France en 1791.

▸
Période d'apogée de la petite ville, les XVe et XVIe siècles verront l'édification ou le remaniement de nombreuses maisons nobles par ces bourgeois «viscontins», prospères et fraîchement anoblis par le vicomte de Turenne. La plupart de ces «castels» sont parvenus jusqu'à nous, notamment le château de Benges, ici, et, prés de l'église, celui des Vassinhac, la plus illustre famille de Collonges.

◂
Aux confins du Périgord, du Quercy et du Limousin, Collonges-la-Rouge se blottit sur le flanc sud d'un large vallon incliné en pente douce. Le charme de sa découverte vient d'abord de la couleur éclatante de ses pierres de grès rouge puis de l'abondance de son patrimoine. Peu de villages de France peuvent en effet se targuer de conserver autant de maisons nobles que Collonges! La structure du village est caractéristique des villages médiévaux : l'habitat s'est naturellement concentré autour de l'église avant de s'étendre en un réseau de ruelles étroites.

Du temps de Charlemagne existait à Collonges une «église et ses annexes» que Roger, comte de Limoges, et sa femme offrirent le 18 juin de l'an 785 au monastère bénédictin de Charroux en Poitou. Le vieux «moustier» des moines devint un prieuré et, quand leurs droits sur Collonges furent reconnus par le roi de France, ils entreprirent, vers 1060-1070, la construction d'une église dont subsiste le clocher à gâbles et le tympan, deux chefs-d'œuvre du XIIe siècle.

A côté du prieuré et sous sa protection, des maisons s'étaient groupées : un bourg avait pris naissance et dans les années 1300 les «bourgeois de Collonges» obtenaient des vicomtes de Turenne franchises et libertés. Collonges devient alors chef-lieu d'un baillage, puis d'une châtellenie avec juridiction seigneuriale et les vicomtes de Turenne y tiennent quelquefois leurs «États».

Avec la fin de la guerre de Cent Ans, le commerce d'huile de noix et de vin de Collonges reprend et la prospérité revient. Le 21 juillet 1489, le vicomte de Turenne confirme les privilèges, exemptions et franchises des habitants; il distribue des titres de noblesse aux bourgeois qui songent à ériger des demeures dignes de leur élévation sociale : ils obtiennent la permission de «créneler» et de «mâchicouler».

Les guerres de Religion désolèrent la contrée : l'église est fortifiée et le portail du XIIe remplacé par une simple porte. Dispersés dans la façade, les éléments du tympan ne furent remis en place qu'en 1923. Le XIXe siècle marque le déclin de la petite ville au profit de sa voisine Meyssac qui devient chef-lieu de canton. Aujourd'hui, Collonges-la-Rouge est un haut lieu du tourisme en Limousin.

Ils étaient près de 1 700, ces «viscontins» de Collonges, au début du XVIIIe siècle. Aujourd'hui, le village ne compte plus que 95 habitants!

Pour en savoir plus :

«Collonges en Bas-Limousin» dans la revue «Lemouzi», Tulle, juin 1973.

«Collonges, village noble», par M. M. Macary, Zodiaque, avril 1972.

Semi-abandonné et très ruiné au début du XIXe siècle, le village sera ensuite peu à peu restauré. D'après les auteurs locaux, on aurait laissé s'effondrer au XIXe siècle une vingtaine de tours, des remparts et quelques édifices remarquables comme le prieuré. Malgré cela, le bâti ancien reste prédominant et l'emploi systématique du grès rouge dans ces campagnes de restauration permet au village de conserver son aspect homogène. Ainsi, en dépit de l'hétérogénéité des matériaux de couverture, le charme de cette étonnante «ville rouge» est-il préservé. ▸

TURENNE CORRÈZE

C'est au XIe siècle que les seigneurs de Turenne, Boson Ier et Raymond Ier, choisirent ce site pour édifier une forteresse féodale dont la construction se poursuivra pendant près de quatre cents ans. Si nous ne savons pas grand-chose des « comtes sans pouvoirs » du IXe siècle (le « Pagus Torinensis » carolingien régi par un « comte » sans comté, simple terrien soumis au vrai comte de Limoges), il semble que le premier vicomte de Turenne officiel soit Adhémar d'Escals, abbé laïc de Tulle (940) dont le fils naturel, Bernard Ier, fut reconnu titulaire de la vicomté qui devenait ainsi un fief héréditaire (950). Leurs successeurs, qui garderont le titre jusqu'au XVIIIe siècle, appartiendront d'abord (986) à la fameuse maison de Comborn (durant 300 ans), puis aux Comminges (46 ans), aux Beaufort (94 ans) et enfin aux La Tour d'Auvergne (294 ans). Charles-Godeffroy de La Tour d'Auvergne, dernier des neuf vicomtes de cette dynastie, vendit sa vicomté (pour payer ses dettes) à Louis XV en 1738, mettant fin à l'indépendance quasi totale du dernier fief français dont les seigneurs restaient encore les maîtres. Au XVe siècle, la vicomté de Turenne était parvenue à englober le tiers du bas Limousin ainsi qu'une partie du Quercy et du Périgord : on y dénombrait 1 200 villages et hameaux répartis en 111 paroisses; en d'autres termes 18 500 feux, soit une centaine de milliers d'habitants! En faisaient partie notamment les sept villes murées officielles de la vicomté : Argentat, Beaulieu, Gagnac, Martel, Saint-Céré, Servières et Turenne. Sa puissance était assise sur un état pratiquement indépendant des rois de France puisqu'on y réunissait des États généraux et battait monnaie. Par ses caractères propres et en raison de ses privilèges exceptionnels confirmés par les rois de France, elle constituait un exemple unique en France. Au Moyen Age la ville était plus peuplée que Brive, mais aujourd'hui elle ne compte que 264 habitants.

Pour en savoir plus :

« Turenne, son site, son histoire, son château, son église », plaquette éditée par l'Association des Amis de Turenne.

Le château et le bourg sont bâtis sur une butte isolée qui domine la vallée de la Tourmente. Il ne reste que peu de chose de la puissante forteresse des vicomtes de Turenne. Le bourg s'est développé sur les flancs de la butte, aux abords des rampes d'accès qui mènent au château. Comme à Collonges-la-Rouge, sa voisine, les maisons nobles sont nombreuses à Turenne; édifiées du XV au XVIIIe siècle, elles forment un ensemble architectural homogène, préservé et valorisé par le cadre naturel. ▶

Le pittoresque de Turenne tient essentiellement à sa structure médiévale et à la qualité de son architecture; aujourd'hui encore, le village donne l'image de l'unité qui a prévalu à sa construction. Vues du château, les toitures prennent une grande importance: grâce à l'emploi homogène de l'ardoise, à l'imbrication des maisons et à leur étagement le long de la pente, elles constituent à elles seules un véritable paysage.

Vers la fin du VIIIe siècle, un saint ermite nommé Dadon choisit cet endroit désert pour y mener une vie contemplative. Autour de lui se créa une petite communauté monastique qui bénéficia bientôt de la protection et des donations des souverains carolingiens, notamment de Pépin II, roi d'Aquitaine en 838. Ce monastère, dédié alors au Saint-Sauveur, semble végéter au cours du IXe siècle, mais le rapt des reliques de sainte Foy, jeune martyre de douze ans brûlée et décapitée au temps de l'empereur Maximien (286-305), devait rendre Conques célèbre. Pour se procurer ces reliques, Ariviscus passa dix ans dans le monastère d'Agen, pour gagner la confiance de ses hôtes! Les miracles qui suivirent son retour attirèrent les pèlerins et Conques fut choisie comme ville-étape de l'un des quatre grands chemins de pèlerinage vers Saint-Jacques-de-Compostelle, la «via Podensis», venant du Puy-en-Velay.

La grande période de Conques – du milieu du XIe siècle au premier tiers du XIIe – coïncide avec celle de la construction de l'abbatiale. Les pèlerinages et les donations qui se multiplient apportent à l'abbaye puissance et richesse, conditions de son rayonnement artistique. A la tête d'un véritable empire monastique, elle joue, aux côtés de Cluny, un rôle actif dans la reconquête de l'Espagne sur les musulmans, fondant des églises ou donnant des évêques aux nouveaux diocèses d'Aragon et de Navarre. Pourtant, cette période de splendeur fut de courte durée, notamment du fait de la concurrence des nouvelles abbayes cisterciennes du Rouergue. Dès 1155, Conques abandonnait ses droits et ses terres de Bonneval, fondé huit ans plus tôt seulement et qui deviendra la plus riche abbaye du pays. Au XIIIe siècle la situation reste bonne, mais cette décadence sera irrémédiable, malgré de brèves périodes fastes, notamment entre la fin de la guerre de Cent Ans et le début des guerres de Religion. Incendiée par les protestants en 1568, l'abbaye tomba dans l'oubli et l'indifférence. La commune envisagea même de la démolir et le cloître fut mis à bas en 1836... Heureusement, l'année suivante, Prosper Mérimée, inspecteur des Monuments histo-

Le plan originel, celui de l'époque romane, s'est conservé dans ses grandes lignes, malgré les altérations modernes et notamment le percement d'une route à travers le village au siècle dernier. Le «Livre des Miracles de sainte Foy», rédigé peu après l'an 1000 par Bernard d'Angers, mentionne déjà l'existence d'une «ville importante, assise sur la colline au-dessus du monastère». Il ne s'agit donc pas d'un simple village mais d'une agglomération à caractère urbain, avec ses remparts (très peu de vestiges subsistent mais les deux portes de l'ouest, la porte de la Vinzelle et celle du Barry, sont toujours en place), ses institutions municipales et ses activités commerciales variées.

Comme dans toute la France, les XVIIIe et XIXe siècles sont l'époque où malheureusement de très nombreuses maisons médiévales seront transformées, largement reprises voire reconstruites, selon la fortune de leurs occupants. Conques n'échappe pas à la règle et quelques maisons, comme celle-ci, portent encore la date de leur «restauration». Cette belle porte conserve (probablement) ses vantaux de bois d'origine et surtout son encadrement de pierre finement mouluré où apparaît une coquille Saint-Jacques, qui rappelle le temps où Conques était une ville-étape sur la route du pèlerinage vers Saint-Jacques-de-Compostelle.

Conques s'étire sur le versant méridional d'une sorte de cirque formé par l'élargissement des gorges de l'Ouche près de leur confluence avec la vallée du Dourdou. La ville tire d'ailleurs son nom de ce site en forme de coquille *(concha).* Bordée de maisons anciennes, la rue Charlemagne dévale la pente jusqu'à un vieux pont médiéval sur le Dourdou. C'était au Moyen Age la rue principale de la ville avec la «via Podensis», la route de pèlerinage venue d'Estaing qui, elle, traverse Conques dans sa partie haute. En bas, à droite, la chapelle Saint-Roch aurait été bâtie au xvie siècle à l'emplacement d'un château disparu.

Rares sont les lieux doués d'une telle force d'évocation : à Conques, modeste village du Rouergue septentrional, une fois tari le flot estival des touristes, tout semble retourner vers un songe millénaire un moment interrompu. Pour qui les contemple depuis le site du Bancarel, les vieilles maisons de Conques forment avec l'abbatiale Sainte-Foy, qui paraît les écraser de sa masse, un ensemble homogène d'une exceptionnelle beauté.

riques, sauva l'édifice et se battit pour sa restauration. Après l'établissement des pères prémontrés en 1873, un programme de restauration fut mis en œuvre.

Nous ignorons le nombre d'habitants au XIIe siècle, à son apogée, mais en 1341 Conques comptait encore 730 feux (environ 3 000 habitants). Au milieu du XVIIIe ses habitants sont moins d'un millier, à la veille de la Révolution 630 seulement et aujourd'hui 178.

Pour en savoir plus :

«Histoire et légendes de Conques», récit de Jean-Claude Fau, Éditions Dadon G.I.E., Conques 1982.

«Quatre études pour l'histoire de l'abbaye de Conques», par Jacques Bousquet, dans Mémoires de la Société des lettres, sciences et arts de l'Aveyron, Rodez 1964.

«Les plus anciens privilèges communaux de Conques en Rouergue et les débuts de l'organisation municipale (XIIe s.-1289)», par Jacques Bousquet, dans «Bulletin philologique et historique» (jusqu'à 1610) du Comité des travaux historiques et scientifiques, année 1961, Paris 1963.

Les grandes heures de Conques coïncident avec un des plus grands moments de l'Histoire, celui de la formidable renaissance spirituelle et artistique qui, du xe au xiie siècle, enfanta tant de chefs-d'œuvre. Ceux de Conques, qui appartenaient à l'une des plus puissantes abbayes bénédictines de la Chrétienté, sont miraculeusement conservés : son fabuleux trésor d'orfèvrerie et, ici, son célèbre tympan du Jugement dernier (détail; datation probable : premier tiers du xiie siècle) où pas une seule tête des 124 personnages qui l'ornent depuis plus de 800 ans ne manque à l'appel!

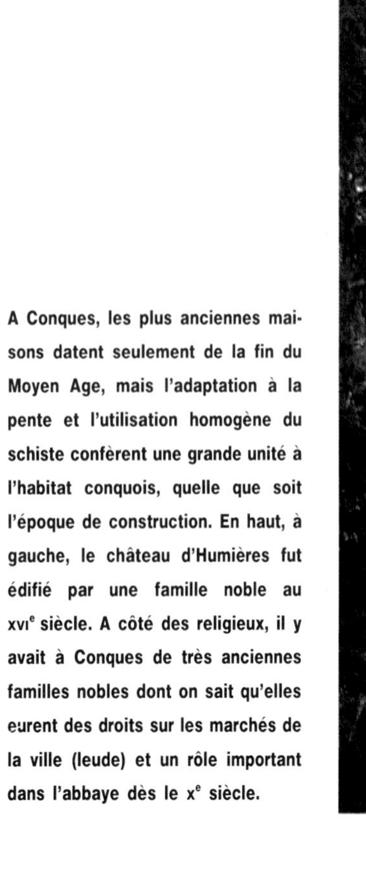

A Conques, les plus anciennes maisons datent seulement de la fin du Moyen Age, mais l'adaptation à la pente et l'utilisation homogène du schiste confèrent une grande unité à l'habitat conquois, quelle que soit l'époque de construction. En haut, à gauche, le château d'Humières fut édifié par une famille noble au xvie siècle. A côté des religieux, il y avait à Conques de très anciennes familles nobles dont on sait qu'elles eurent des droits sur les marchés de la ville (leude) et un rôle important dans l'abbaye dès le xe siècle.

Après une brève mention dans le cartulaire de Gellone vers le milieu du XIe siècle, l'église et le village sont explicitement mentionnés en 1135 dans une bulle pontificale promulguée par Innocent II. Ce n'est qu'à la fin du XIIe siècle que l'implantation des Templiers est attestée mais, en 1312, la suppression de l'ordre fit passer la totalité de leurs biens aux chevaliers de Saint-Jean-de-Jérusalem, également appelés Hospitaliers ou encore chevaliers de Malte. Aux pillages commis au XIIIe siècle par les seigneurs de Nant succédèrent au siècle suivant les exactions que les routiers, profitant des désordres occasionnés par la guerre contre les Anglais, firent subir aux populations rouerguates.

Face à une insécurité qui tendait à devenir chronique, les Hospitaliers décidèrent de fortifier leurs principales places, Sainte-Eulalie, La Cavalerie et La Couvertoirade, dont les anciennes défenses, conçues avant l'invention des armes à feu, devenaient chaque jour moins efficaces. Le 2 novembre 1439, le commandeur de Sainte-Eulalie autorise la construction du rempart de La Couvertoirade et un contrat fut passé avec un maître maçon nommé Déodat d'Alaus. En 1455 l'ouvrage devait être fort avancé, voire terminé, puisque l'évêque de Vabres permet aux habitants de faire passer la muraille à travers le cimetière attenant à l'église. Le 22 novembre 1562, ce rempart fut le théâtre d'une brève bataille qui opposa une troupe protestante aux soldats de l'évêque de Lodève. Après avoir traversé sans trop de mal les guerres de Religion, le village s'embellira au XVIIe siècle – qui semble avoir été sa période d'apogée démographique et économique – de quelques belles demeures. En 1349, on compte 135 feux à La Couvertoirade (environ 540 habitants) et 149 feux en 1581. Au début du siècle le village abritait encore plus de 500 personnes, alors qu'aujourd'hui la population est tombée à 134 habitants.

Pour en savoir plus :

«La Couvertoirade», par André Soutou, édité par l'Association des Amis de La Couvertoirade, Millau 1977.

Dans ce «pays fort desséché» des hauts plateaux du causse du Larzac, La Couvertoirade offre une étonnante vision médiévale. Le village est entouré d'un rempart fortifié remarquablement bien conservé qui s'ouvre par deux portes dont l'une, à gauche, est toujours surmontée de la haute tour carrée qui en défendait l'accès. Au fond, à droite, le château (en ruine) est le seul édifice qui date des Templiers (années 1200), l'église ayant probablement été reconstruite au XIVe siècle après la suppression de l'ordre.

LA COUVERTOIRADE AVEYRON

Au XVe siècle, le château, trop vétuste, ne suffisait plus à assurer la défense de la cité. Le rempart avait alors pour but de faire du village un lieu entièrement clos englobant le château, l'église et le cimetière, mais surtout les principales réserves d'eau – citerne naturelle sous l'église et grande mare commune au centre du village (aujourd'hui comblée) – qui étaient essentielles pour la vie de la communauté. ▶

De caractère modeste mais d'un type caussenard bien caractéristique, les maisons du village ne sont pas antérieures aux XVIIIe et XIXe siècles. La construction de leurs toitures de lauzes faisait l'objet d'un soin tout particulier car, en l'absence de toute source ou rivière, les habitants étaient dépendants de la pluie pour leur consommation en eau potable. Les toitures remplissaient alors la fonction de «collecteurs d'eau» alimentant la citerne de la maison; ce principe a fonctionné jusque dans les années 1975.

S A U V E T E R R E - D E - R O U E R G U E **AVEYRON**

SAUVETERRE-DE-ROUERGUE AVEYRON

Sauveterre fut bien fondé en 1281 par Guillaume de Mâcon, sénéchal de Rouergue, représentant du roi de France Philippe le Hardi. Mais au moins depuis le début du XIIIe siècle existait là une bastide – une «sauveterre» – peut-être fondation du comte de Toulouse; son héritier, le roi de France, n'aurait fait alors que l'agrandir en accordant aux habitants qui viendront s'y installer un ensemble de franchises et de privilèges. Plusieurs énigmes entourent d'ailleurs cette «renaissance» de 1281, notamment un certain château de Luzeffre qui, mentionné au milieu du XIIe siècle, disparaît des textes après 1281, comme si la bastide avait pris sa place. En 1319, la bastide s'entoure d'un rempart flanqué de quatre tours d'angle et bordé d'un fossé en eau; en 1342 elle bénéficie du privilège d'édifier des boucheries (mazels) et d'avoir des draperies. C'est l'époque où le pouvoir royal soutient économiquement la ville, ce qui permet le développement d'un important artisanat où prédomine la coutellerie. Mais dès le XVIe siècle – et jusqu'au XIXe – famines, pestes, garnisons de soldats, isolement, régression de l'artisanat, domaine rural insuffisant, etc., entraîneront le déclin lent mais inexorable de la petite ville.

La ville avait grandi assez rapidement : 42 feux en 1297, 291 en 1328. A la veille de la Révolution, la bastide comptait environ 850 habitants. Les Sauveterrats sont aujourd'hui 371.

Pour en savoir plus :

«Documents pour servir à l'histoire de Sauveterre-de-Rouergue», rassemblés par Jean Delmas et Pierre Marlhiac, Éditions ASSAS, Sauveterre, août 1981.

La vaste place centrale forme un rectangle de soixante mètres de long sur quarante de large au centre duquel se trouvent le puits commun et une croix de fer forgé datée de 1782. Elle est intégralement bordée de couverts soutenus par des arcades, la plupart ogivales. Ces couverts, qui servaient autrefois de halle à l'occasion des marchés hebdomadaires, abritent quelques belles portes d'entrée anciennes.

La place centrale de Sauveterre est sans aucun doute l'une des plus remarquables de France. Ses dimensions exceptionnelles évoquent encore les ambitions de cette ville nouvelle du Moyen Age. Les maisons qui la bordent ont été soigneusement restaurées, le ministère de l'Équipement imposant un crépi différent pour chaque maison. Au fond, à l'angle nord-ouest, la maison Unal (arcades ogivales inégales) nous restitue l'aspect que devaient avoir les autres maisons de la place à la fin du Moyen Age : pierres de taille pour la maçonnerie du rez-de-chaussée, bâti de bois hourdé de torchis pour les étages, et surtout façades à double encorbellement.

A l'ouest, la porte Majou (Porta Major en 1207, probablement l'entrée principale de la ville médiévale) abritait certainement la prison au XVIIIe siècle. Au-dessus de l'arc de la porte, on a encastré la pierre funéraire romaine d'un loueur de chars. A gauche, la maison ocre occupe l'emplacement de l'ancien hôpital Saint-Jacques détruit par les protestants en 1586.

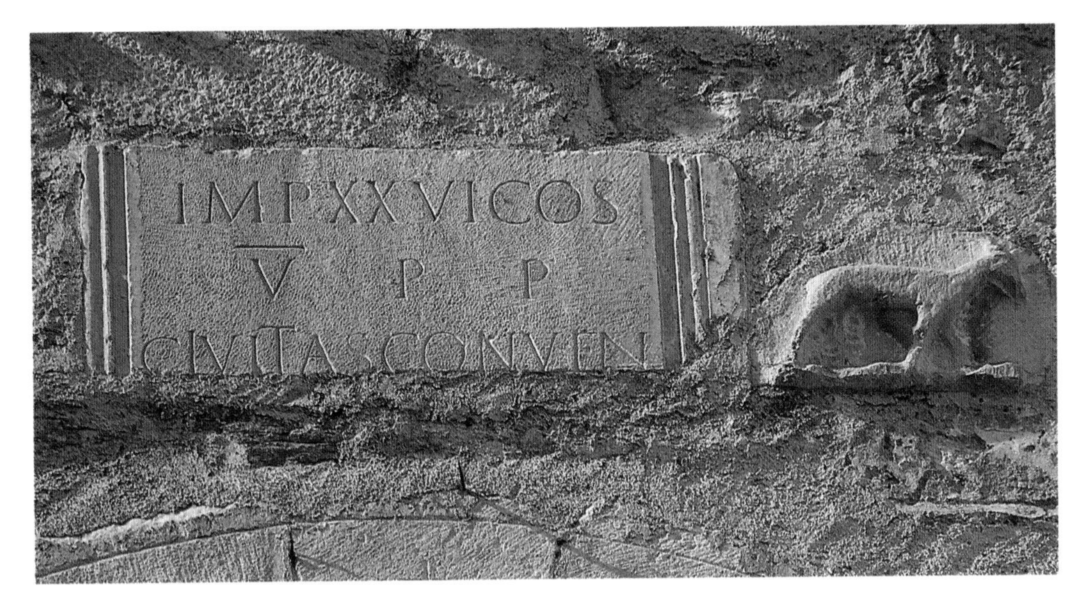

C'est Mgr Gilbert de Choiseul, évêque de 1646 à 1670, qui a encastré, au-dessus de la porte Cabirole, ces deux bas-reliefs romains : à gauche, malheureusement incomplète, une épigraphe dédiée à l'empereur Claude en 52 avant J.-C. : « A... 26 fois salué empereur, 5 fois consul, Père de la Patrie, la cité des Convènes » et, à droite, la célèbre louve romaine.

Depuis le début du siècle, les fouilles archéologiques ont mis en valeur l'importance qu'avait acquise sous le règne de l'empereur Auguste la ville romaine qui précéda l'ensemble médiéval de Saint-Bertrand-de-Comminges. Chef-lieu du territoire des Convènes, Lugdunum Convenarum connut une grande prospérité et, avant le milieu du IIe siècle, la cité était passée du statut de colonie latine à celui de colonie romaine. Partiellement pillée par les Vandales en 408, Lugdunum perdit de son importance après la chute de l'Empire romain (470) et fut finalement mise à sac par les Francs en 585. La cité resta ruinée cinq siècles puis l'évêque Bertrand de l'Isle-Jourdain la fit à nouveau entrer dans l'Histoire. Par la « Vita » rédigée quarante ans plus tard par un clerc, l'homme nous est connu: né vers 1050, il est nommé évêque de Comminges vers 1093; en quarante ans il rebâtit la ville haute et son église; sur la place libérée par les destructions, il élève une cathédrale romane et autour d'elle une véritable cité épiscopale, attirant ainsi les habitants. Évêque bâtisseur, évêque grégorien, évêque rassembleur aux « miracles » célèbres, il fait renaître la ville qui va prendre son nom. Pèlerinage sur sa tombe, canonisation en 1175 complètent son image. Un deuxième évêque, Bertrand de Got, reprend le flambeau deux siècles plus tard. Il reconstruit la cathédrale en style gothique. Devenu le pape Clément V, il officialise par une bulle de 1309 le pèlerinage, crée le jubilé et vient sur place procéder à l'élévation des reliques. Les évêques possèdent alors une seigneurie étendue autour de la ville, ainsi que plusieurs palais épiscopaux. Ils avaient dès 1207 accordé une charte libérale à la ville de Saint-Bertrand. Ravages et pillages des guerres de Religion n'épargneront pas Saint-Bertrand, préfigurant la suppression de l'évêché sous la

Révolution (1790). La ville amorce alors son déclin, perdant son titre de chef-lieu de canton en 1887 et devenant un simple village. Seul témoin de la grandeur passée, le pèlerinage survit, heureusement relayé par le tourisme. Aujourd'hui, l'ensemble ville haute et ville basse n'a plus que 137 habitants.

Pour en savoir plus :

« Sur l'urbanisme ancien de Saint-Bertrand-de-Comminges », par Robert Gavelle.

« Le comté de Comminges de ses origines à son annexion à la Couronne », par Charles Higounet.

En plein champ, comme perdue dans la campagne, l'église Saint-Just de Valcabrère est l'une des plus belles églises romanes des Pyrénées. Surmonté d'un puissant clocher carré, l'édifice présente de multiples remplois romains (blocs, colonnes, bas-reliefs, inscriptions issus des ruines de Lugdunum) qui en font un véritable musée gallo-romain. Le maître-autel fut consacré par l'évêque de Comminges en 1200. Au fond, la ville haute reste partiellement ceinturée du rempart construit par les Romains devant la menace barbare. Remaniée au Moyen Age, cette enceinte s'ouvrait par trois portes dont on aperçoit celle de l'est, la porte Cabirole (remaniée au XVIIIe siècle), flanquée d'un petit reposoir surnommé « la barbacane ».

La ville haute, dite « Civitas Convenarum » au XIIe siècle puis Saint-Bertrand dès 1222, est dominée par la masse imposante de la cathédrale (Xe-XVIe siècle) couronnée par le célèbre hourd de son clocher. Au Moyen Age, ce vaste édifice était enfermé dans un enclos fortifié particulier, le « scepte », enceinte résidentielle primitive de l'évêque et du chapitre dont ne subsiste aujourd'hui que le cloître.

Le village de Valcabrère, au second plan (au premier plan, Labroquère), s'étire le long de la Garonne; entre ce village et, au fond, la colline de Saint-Bertrand, s'étendait Lugdunum Convenarum, la ville romaine dont le centre monumental occupait le pied de la colline. La ville basse jouxte d'ailleurs les vestiges du théâtre et de la basilique chrétienne primitive (ve siècle). Comme la ville haute, cette ville basse était fortifiée au Moyen Age; elle s'organise autour d'une vaste place, le foirail, qui dès 1309 accueillait foires et marchés.

AUTOIRE LOT

Dédiée à saint Pierre l'église paraît être le plus vieux monument d'Autoire : c'est un édifice roman agrandi et remanié à partir de 1868-1869. Fortifiée pendant la guerre de Cent Ans, elle formait avec l'ancien château des Peyrusse de Banze (actuelle mairie) un ensemble : on dit encore «le fort» pour désigner la place de l'Eglise et le grand mur qui, à l'ouest, la soutient.

La plus ancienne mention d'Autoire nous est fournie par le cartulaire de l'abbaye de Beaulieu (895). A l'époque féodale, la châtellenie d'Autoire fit partie des possessions du comte de Toulouse puis de celles du vicomte de Turenne, le village se trouvant à la limite du Quercy et de la vicomté de Turenne. En 1286, Autoire est citée parmi les soixante-trois fiefs du haut Quercy cédés au roi d'Angleterre. Au cours de la guerre de Cent Ans, le fort d'Autoire (à l'écart du village, aujourd'hui en ruine et appelé «château des Anglais») est l'un de ces nombreux repaires à partir desquels bandes anglaises et Grandes Compagnies dévasteront le pays. En 1378, ce château fort est occupé par Bernard de La Salle, capitaine des Grandes Compagnies et Gascon réputé pour son adresse à escalader les remparts les plus abrupts. Les guerres de Religion éprouveront à nouveau le haut Quercy : les calvinistes brûlent les églises et rançonnent les habitants ; en 1562, Marchastel, lieutenant de Duras, incendie Autoire. En 1588 un aventurier nommé Jean Mollé et se faisant appeler capitaine Vinsou occupe le fort d'Autoire, alors dit la «Salle del Roc» ; il est sommé par le vicomte de Turenne de quitter immédiatement la place. L'acte de reddition, qui lui fut remis par Jean Mostellat, gouverneur de Saint-Céré, est conservé aux archives de la mairie d'Autoire. D'après le pouillé de Danglars, la paroisse d'Autoire comptait à la fin du XVIIIe siècle 500 communiants ! Aujourd'hui la commune regroupe à peine 233 habitants.

Pour en savoir plus :

«Monographies du chanoine Albe» (vers 1920), archives du Lot à Cahors. «Autoire, vieux souvenirs», par Louis Gineste, bulletin de la Société des études du Lot, tome LXXIV, Cahors 1953.

Autoire est blotti dans une petite gorge qui, s'achevant en cirque, entaille profondément le front du causse de Gramat. Le village conserve quelques grosses maisons bourgeoises – la plupart construites à la fin des guerres de Religion – véritables petits châteaux qui confèrent un aspect prospère à la cité. ▶

Le château de Limargue (vu côté sud) est une belle demeure des années 1500. Une légende raconte que ce petit castel a été construit par un nommé Lafon qui avait guerroyé en Italie et fait honneur à la «furia francese». En récompense de sa bravoure, Charles VIII (1483-1498) le fit chevalier et lui donna le rare privilège de «mâchicouler», c'est-à-dire d'élever une demeure avec tours et mâchicoulis.

SAINT-CIRQ-LAPOPIE LOT

Le premier événement attesté de l'histoire de Saint-Cirq est la vaine tentative que fit Richard Cœur de Lion en 1199 pour s'emparer du fort. Celui-ci commença à jouer un rôle stratégique (commander la vallée du Lot) dès le VIIIe siècle, rôle qui ne devait cesser qu'à la fin des guerres de Religion. Au Moyen Age, le fief est partagé entre plusieurs coseigneurs. La première charte des coutumes de Saint-Cirq (1231) nous révèle les noms des trois familles qui, jusque dans les années 1400, se partagent le fief : les Gourdon, les Cardaillac et les La Popie (qui laissèrent leur nom à la cité). Chacune d'elles possédait son propre château et, au XIVe siècle, le village est dominé par trois châteaux contigus : au point culminant s'élevait le donjon du château des La Popie, rasé en 1471 sur l'ordre de Louis XI parce que Raymond d'Hébrard de Saint-Sulpice (successeur des La Popie) avait pris parti pour le duc de Guyenne. Les deux autres châteaux étaient « sur le penchant du pech » et l'on allait « par une portanelle » du château des La Popie à celui des Cardaillac.

Au cours de la guerre de Cent Ans, la position fut plusieurs fois assiégée par les Anglais – notamment entre 1351 et 1392 – quelquefois prise mais toujours reprise. Lors des guerres de Religion, les huguenots s'emparent du château « d'en haut » (10 avril 1580). Quelques mois plus tard, Henri de Navarre ordonne « d'icelluy démolir, raser et mettre en état tel que ceux du contraire parti ne puissent désormais s'en prévaloir ». Mais même démantelé, Saint-Cirq-Lapopie continue à tenir garnison. En 1591 les protestants s'emparent à nouveau de la ville mais les Cardaillac (puissants seigneurs protestants) se convertissent au catholicisme.

Aux siècles derniers, les artisans du bois – tourneurs, mouleurs et « robinétaires » – firent connaître le nom de Saint-Cirq bien au-delà des frontières du Quercy. Mais malgré la perte de son commerce et de son industrie, et la disparition de la batellerie sur le Lot – si florissants au XIXe –, Saint-Cirq n'est pas, loin s'en faut, un village mort : redécouvert au début du siècle, le développement du tourisme en fait aujourd'hui le but d'excursions obligé de tout étranger qui passe par Cahors. Au XIXe siècle, époque d'apogée du trafic fluvial sur le Lot, la population de Saint-Cirq-Lapopie avoisinait les 1 500 habitants! Aujourd'hui, la commune entière ne regroupe plus que 179 personnes.

Pour en savoir plus :

« Saint-Cirq-Lapopie, miettes d'histoire », par Jean Fourgous (1881-1963), brochure touristique éditée par la Société des Amis de Saint-Cirq-Lapopie.

« Notes sur Saint-Cirq-Lapopie », par le chanoine A. Foissac, bulletin de la Société des études du Lot, t. LIV et LV.

« Monographies du chanoine Albe » (vers 1920), archives départementales du Lot à Cahors.

A Saint-Cirq, la vallée du Lot offre l'un de ses plus beaux paysages. Dans cet environnement remarquable, les vieux logis s'intègrent avec bonheur et constituent un ensemble qu'il est rare aujourd'hui de trouver en France : ici, l'écrin vaut le joyau!

Saint-Cirq-Lapopie offre le type d'une ville étagée le long d'une rue principale qui gravit en forte pente le vallon. Le long de cette « grand'rue » – qui prenait en certains points un nom spécial (rue de la Pelissaria, ici, dans le bas du village, de la Peyrolerie dans le haut) – la ville se divisait jadis de façon plus ou moins précise en quartiers ou « barrys ». A chaque extrémité de cette rue, une porte de ville se fermait autrefois par de lourds vantaux de bois. S'il ne reste que peu de chose de la porte dite du Haut, celle du bas du village, ici, dite de Rocamadour, est toujours en place.

Harmonie médiévale quasi parfaite, Saint-Cirq-Lapopie est sans conteste l'un des plus beaux villages de France car des conditions exceptionnelles ont permis de conserver un ensemble urbain à peu près homogène antérieur aux années 1550! Bien restaurées, les vieilles maisons de Saint-Cirq ont été construites entre le XIIIe et le XVIe siècle (avec des remaniements postérieurs, bien sûr) mais la plupart, comme celles que l'on voit ici, offrent des façades en encorbellement (quelquefois double) et à pans de bois qui témoignent des embellissements ou des reconstructions effectuées entre la fin de la guerre de Cent Ans et le début du XVIe siècle. ▶

SOCIÉTÉ DES AMIS DU VIEUX CORDES
MUSÉE
Charles
PORTAL

La robuste porte de Rous, dite Portail Peint, ouvre le côté est de la première enceinte; ainsi que l'atteste cette belle croisée, elle a été remaniée dans les années 1500. Comme sa symétrique de l'ouest (porte des Ormeaux), elle se fermait par deux herses encadrant les vantaux de bois. Elle abrite aujourd'hui le musée Charles-Portal (archiviste honoraire du Tarn), petit musée d'archéologie locale. Au fond, à contrejour, la maison Gorsse est la plus belle demeure Renaissance de Cordes.
◄

Dans la Grand'Rue, qui descend ici vers la porte des Ormeaux, on est en présence de ce qui fait la gloire de Cordes : un ensemble (une dizaine) de façades gothiques unique en France! Elles ont été construites pendant la période de prospérité de la ville, entre 1295 et 1320 pour les plus anciennes, jusqu'au milieu du XIVe siècle pour les dernières, comme ici la maison du Grand Veneur. Elles ont des caractères communs : la pierre de taille utilisée pour leur façade provenant des carrières de grès de Salles et leur architecture d'ensemble, un rez-de-chaussée à arcades, des baies géminées soigneusement ornées, des bandeaux horizontaux reliant les tailloirs des chapiteaux et soulignant les appuis des baies. Des hauts-reliefs à thème, des sculptures isolées introduisent des éléments de variété amusée. A partir de ces données communes, chaque demeure s'invente sa personnalité qui vaut surtout par la variété et les détails de leur décoration sculptée. ►

Cordes fut fondé en 1222 par Raymond VII, comte de Toulouse. A cette époque, la région est fortement éprouvée par la guerre des Albigeois; les croisés de Simon de Montfort avaient notamment brûlé la place forte voisine de Saint-Marcel et des populations errantes, chassées de leurs demeures, restaient sans moyen de défense. Ainsi la fondation de Cordes assure-t-elle un foyer où se regroupent les habitants des cités voisines que la croisade contre les Cathares a déracinés et dispersés.

La nouvelle bastide prospéra rapidement : sept ans après sa fondation, il était stipulé dans le traité de Paris qu'elle serait remise au roi avec quelques autres places réputées les plus fortes de la région.

A la mort de Raymond VII (1249), ses domaines passèrent à sa fille Jeanne qui, suivant une clause de ce traité, avait épousé Alphonse de Poitiers, frère de Saint Louis. Le couple meurt sans héritiers en 1271 et les possessions toulousaines sont, toujours suivant une clause du traité de Paris, alors rattachées à la Couronne. Cordes n'a donc eu d'autres seigneurs que Raymond VII, sa fille et les rois de France.

Vers la fin du XIIIe siècle et dans le premier tiers du XIVe, la bastide connaît une période de grande prospérité : de nombreux bourgeois enrichis par le négoce et l'industrie du cuir bâtirent ces belles maisons qui font aujourd'hui la fierté de la ville et constituent un des plus beaux ensembles d'architecture gothique civile d'Europe. En 1353 Jean le Bon autorise la reconstruction d'une halle, signe de la réussite du négoce du cuir et des étoffes, favorisée par la paix et peut-être aussi par l'éloignement ou l'affaiblissement momentané des centres de

La maison du Grand Veneur tire son nom de cette frise en haut-relief représentant une scène de vénerie. De gauche à droite, un cavalier armé d'un épieu s'apprête à frapper un sanglier qu'un chien a débusqué de la forêt représentée par un arbre aux gros fruits. Un autre chasseur, à pied, tire à l'arc sur un lièvre plus gros que le chien lancé à ses trousses. Un troisième chasseur sonne du cor pour rameuter tandis que, tout au fond, deux sangliers courent se réfugier dans un bois, toujours symbolisé par un arbre.

concurrence. Le XVe siècle marque le déclin de cet âge d'or; en 1439, le futur Louis XI se rendait en Languedoc afin d'y faire cesser «vols et pilleries» de l'Albigeois : il passera à Cordes le 23 octobre. Pendant les guerres de Religion, la ville soutint presque unanimement la cause catholique, ce qui lui valut d'être attaquée par les huguenots en 1568 et 1574. Jusqu'à la Révolution, la peste (terrible épidémie entre 1629 et 1632) et la disette (début du XVIIIe) affligeront la ville dont la prospérité ne cessera de décroître.

Ce n'est que beaucoup plus tard, en 1870, que Cordes allait revivre grâce à deux Cordais qui importèrent de Saint-Gall (Suisse) une industrie nouvelle, la broderie mécanique. Ce fut un succès fulgurant et quelque trois cents métiers à broder animèrent la ville. Malheureusement la mode change et vers 1930 Cordes retrouva désarroi et silence. Mais dix ans plus tard, Jeanne Ramel-Cals, Yves Brayer, Bizette Lindet et Georges Neveu allaient attirer les premiers touristes en créant «l'Académie de Cordes-sur-Ciel».

Dans les années 1300 – âge d'or de la ville – celle-ci abritait vraisemblablement 5 000 à 5 500 âmes, autant qu'Albi. Aujourd'hui, la population cordaise n'est plus que de 852 habitants.

Pour en savoir plus :

«Cordes, notice historique et archéologique», par Charles Portal, 10e édition de la Société des Amis du Vieux Cordes, Cordes 1981.

Vue ici du clocher de l'église Saint-Michel, la ville haute, également appelée le Fort, est la bastide primitive enfermée dans deux enceintes achevées en 1229. La rue de l'Église (à droite) et la Grand'Rue convergent vers la massive porte des Ormeaux (première enceinte). Au fond, à gauche, donnant sur la Grand'Rue, la maison du Grand Écuyer (ou maison Séguier) pourrait être la moins vieille des maisons gothiques de la cité en raison de la finesse et de la spiritualité de sa décoration sculptée. ▶

▶▶

Dominant la vallée du Cérou, la ville s'étire sur une colline isolée – le puech de Mordagne – avec un côté abrupt au midi (à gauche) et fortement escarpé ailleurs. Aux XIIIe et XIVe siècles, sous la ville haute, de nouveaux faubourgs s'accrochent aux flancs de la colline. Une troisième puis une quatrième enceinte protègent ces nouveaux quartiers, et même une cinquième qui enfermera le quartier de la Bouteillerie (au premier plan, débordant sur le plat). C'est pourquoi, malgré l'absence de tout donjon ou château féodal, on se plaît à considérer Cordes comme une redoutable place forte; mais l'histoire de la cité montre qu'il n'en fut rien.

Le village s'étage sur la pente douce d'une colline qui domine à pic le confluent de l'Aveyron et de la Vère et dont le sommet est occupé par deux châteaux : le «vieux» (à gauche) et le «neuf» (à droite) bâti entre 1485 et 1510 environ. Plus bas, surmontée d'un clocheton, la porte Méjanne ouvre le milieu – d'où son nom – de la première enceinte, celle qui enferme les châteaux et le noyau primitif, partie haute de l'actuelle agglomération. A partir des années 1300, de nouveaux faubourgs se développeront alors vers le bas de la pente, qui seront à leur tour enfermés dans une seconde enceinte dont il ne reste presque rien aujourd'hui.

Comme pour la plupart des agglomérations de la région, l'origine de Bruniquel est incertaine. Il semble que ses premiers seigneurs aient été les comtes de Toulouse. Un château aurait d'abord été construit pour surveiller le passage de l'Aveyron par un chemin qui allait de Cahors vers l'Albigeois. On sait en effet qu'un péage existait à ce passage jusqu'au XVIIIe siècle et que les consuls de Bruniquel y entretenaient une «nef». Au début du XIVe le village est en pleine expansion. La population augmentant, des faubourgs ou «barris» se construisent en dehors des remparts. On peut même se demander si les vicomtes – qui louèrent des terrains en 1271, 1307 et 1319 – ne se livrèrent pas à une sorte d'opération d'urbanisme comparable à nos actuels lotissements. En 1321 seront concédées les premières coutumes, bientôt suivies de nouvelles en 1328. Le besoin se fera vite sentir de mettre à l'abri ces nouveaux faubourgs par la construction de «murs neufs» : en exécution d'un ordre d'un commissaire royal, les consuls donnèrent à prix fait «lo mur et clausura de Bourniquel» le 25 mai 1355.

Les fortifications du village et celles du château ne servirent-elles jamais? On sait très peu de chose à ce sujet : en février 1363 les routiers se trouvent devant Bruniquel, mais peu de jours après ils sont déjà loin! Le seul siège sur lequel nous sommes assez bien renseignés est le dernier que Bruniquel ait pu soutenir : celui de 1621-1622 à la suite de la levée du siège de Montauban par Louis XIII. Après la paix de Montpellier (1622) les remparts disparaîtront presque partout, détruits sur l'ordre d'un commissaire royal.

Aujourd'hui, le village compte 150 habitants.

Pour en savoir plus :

«Un village fortifié : Bruniquel», par Louis d'Alauzier, dans Bulletin de la Société archéologique du Tarn-et-Garonne, tome LXXVII, Montauban 1951.

«Penne en Albigeois, Bruniquel en Quercy, deux villes d'Occitanie à travers l'Histoire», par Pierre Malrieu, Éditions La Duraulié, 2e trimestre 1986.

Principale rue du village, la rue Droite traverse Bruniquel dans toute sa longueur à l'emplacement du chemin qui, au XIIIe siècle, longeait le «mur vielh» et sa porte Méjanne que l'on aperçoit de profil. Ce rempart primitif constitue d'ailleurs la façade arrière de la plupart des maisons qui la bordent, et notamment de celles que l'on voit ici. Malgré la disparition de certaines d'entre elles au début du siècle, les maisons de cette rue forment un ensemble architectural remarquable. ▶

A six kilomètres de Bruniquel, le rocher et le village de Penne constituent un des sites les plus remarquables des gorges de l'Aveyron. Les vieilles maisons du village sont pittoresquement massées sous le rocher qui porte les ruines du château. L'ensemble est enfermé dans une enceinte dont on voit, agrémentée d'une horloge, la porte principale. Penne joua un rôle important dans la défense de l'Albigeois. Assiégé par les croisés de Montfort puis, au cours de la guerre de Cent Ans, par les Anglais, le château fut ruiné par les protestants en 1586. Il fut acheté en 1732 par le vicomte de Bruniquel. ▶▶

Pendant le xxe siècle, le village s'est transformé. S'il a gardé son caractère particulier, il a vu la mutation d'un grand nombre de ses maisons, réaménagées en fonction des besoins de l'accueil de milliers de touristes. Toutefois, l'utilisation de matériaux nobles (granit et ardoise) ou traditionnels (pans de bois et «essentes» de châtaignier) en font des édifices de qualité : ainsi, recouverts d'essentes, la maison dite de l'Artichaut (premier plan), le logis du Roy (au fond) et la tour de l'Arcade (à gauche, à peine discernable) composent-ils un bel ensemble homogène.

C'est à l'époque, mal connue, des derniers rois mérovingiens que, selon la légende, l'archange saint Michel apparut par trois fois dans les songes de l'évêque d'Avranches, saint Aubert, pour lui demander de construire un oratoire sur le rocher qui s'appelait alors le mont Tombe. Les textes les plus anciens datent ces événements de 708, et établissent un lien avec le sanctuaire italien du Monte Gargano qu'aurait imité saint Aubert en construisant en contrebas de la pointe du rocher une caverne artificielle dans laquelle un collège de chanoines a servi le culte de l'archange pendant deux siècles et demi. Bouleversée par les invasions normandes, cette période reste obscure, et ce n'est qu'après 933, quand le duché de Normandie trouve à l'ouest sa frontière définitive, que le Mont-Saint-Michel sort de l'ombre. L'affermissement du pouvoir des ducs de Normandie se traduit, en 966, par l'éviction des chanoines et l'arrivée des moines bénédictins qui aménagent, ou même bâtissent, l'église préromane connue sous le nom de Notre-Dame-sous-Terre.

Après l'an mille, ce petit sanctuaire ne répond plus aux exigences du temps : le rayonnement d'une communauté bénédictine importante et l'image du duc de Normandie qui la protège imposent de construire une autre église, sur le modèle des grandes abbatiales, de dimensions importantes et de plan cruciforme. La conquête de l'Angleterre par Guillaume le Conquérant fut pour les moines, en 1066, l'occasion de prouver leur soutien au duc de Normandie, qui leur fit alors une dotation grâce à laquelle ils purent achever la nef de l'église. Au XIIe siècle, l'apogée du royaume anglo-normand est aussi celui du Mont-Saint-Michel : l'entente entre l'abbé Robert de Thorigny et Henri II Plantagenêt permet un nouveau développement du monastère, tant spirituel que temporel. Le début du siècle suivant voit la rupture de cet équilibre. La conquête du duché de Normandie par Philippe Auguste (1204) met fin à la rivalité séculaire entre le duc de Normandie, roi d'Angleterre, et le roi de France, et marque le redressement du pouvoir royal face aux grandes principautés.

Au Mont-Saint-Michel, la conquête française se traduit par la construction de la Merveille, ensemble conventuel gothique réalisé grâce à la dotation de Philippe Auguste pour effacer les dégâts causés par ses alliés Bretons et se concilier les moines bénédictins. A la même époque, le village sort de l'ombre : encore confiné au pied de l'abbaye, il reçoit sa première enceinte de pierre, dont l'achèvement est financé par Saint Louis. Malgré les premiers signes d'un déclin traduit par l'abandon des constructions monastiques au profit des logis abbatiaux où se gère le temporel, le Mont-Saint-Michel vit une nouvelle période de prospérité. Dès la fin du XIVe siècle, le début de la guerre de Cent Ans se marque par le renforcement de la protection de l'abbaye, dont

Premier exemple de tour bastionnée, la tour Boucle fut construite dans les années 1430 par Louis d'Estouteville, capitaine du Mont-Saint-Michel pendant la guerre de Cent Ans. Par son prestige, cet homme put imposer au roi de France et au pape un nouvel abbé : son propre frère, le cardinal Guillaume d'Estouteville. C'est ce dernier qui, en 1446, entreprendra la reconstruction du chœur de l'église abbatiale (effondré en 1421). Dans cette création de l'art flamboyant, la profusion a remplacé l'austérité ancienne : ainsi ces deux gargouilles qui encadrent un puissant contrefort, lui-même orné de fleurons.

Unique et étroite, la Grande-Rue conduit de l'entrée fortifiée jusqu'aux grands degrés de l'abbaye. Bordée de restaurants (dont celui de la très célèbre « Mère Poulard »), d'hôtels et de magasins de souvenirs, elle devient, en pleine saison, un véritable « bain de foule » qui, dans un sens, perpétue l'atmosphère des grands pèlerinages médiévaux. Car la principale activité du Mont est le tourisme et on peut estimer à environ un million et demi le nombre de personnes qui, chaque année, visitent le Mont-Saint-Michel.

l'entrée est fortifiée par un châtelet. A partir de 1420, le Mont-Saint-Michel, dont les moines refusent le traité de Troyes, est l'une des rares places fortes qui résistent aux Anglais. L'importance prise par la garnison explique alors le développement du village et l'extension des remparts qui le protègent. Le rôle joué par saint Michel envers Jeanne d'Arc et la résistance de son sanctuaire en firent le saint protecteur du royaume de France, au moment où naissait l'idée nationale.

Avec la fin de la guerre de Cent Ans s'achève l'ère des grandes constructions au Mont-Saint-Michel qui doit résister à plusieurs assauts pendant les guerres de Religion. Très vite, le roi de France y interne les victimes des lettres de cachet, sous la garde des moines dont la vie religieuse se relâche. En 1622, la réforme de la congrégation de Saint-Maur se traduit par un renouveau de la vie intellectuelle et la rédaction des premiers ouvrages historiques sur le Mont-Saint-Michel. L'entretien des bâtiments est particulièrement négligé et, en 1776, les trois premières travées de la nef sont abattues, pour faire place à la terrasse de l'ouest et à l'actuelle façade néo-classique de l'église abbatiale. La Révolution chasse les derniers moines d'un monastère exsangue, débaptise le Mont-Saint-Michel pour l'appeler le Mont Libre, et y enferme plusieurs centaines de prêtres réfractaires à la Constitution civile du clergé. L'Empire officialise cette situation et, en 1810, une maison centrale est installée dans l'abbaye. Elle y restera jusqu'en 1863. Classé monument historique par Napoléon III, le Mont-Saint-Michel fut l'objet, jusqu'au début de ce siècle, de grandes restaurations, parmi lesquelles la reconstruction du clocher et l'érection de la flèche par Petitgrand, qui a donné au Mont sa silhouette actuelle. Depuis 1984, le Mont et sa baie figurent sur la liste du patrimoine mondial culturel et naturel de l'Unesco.

Aujourd'hui, les Montois sont 65.

Pour en savoir plus :

Guide Bleu Normandie, Hachette, Paris 1988.

« Nous avons bâti le Mont-Saint-Michel », par Gérard Guillier, Éditions Ouest-France, Rennes 1983.

M O N T - S A I N T - M I C H E L **MANCHE**

La nature et l'histoire ont fait du Mont-Saint-Michel un site exceptionnel : aux confins de la Normandie et de la Bretagne (dont le Couesnon marque traditionnellement la frontière), au milieu de sables que balaient régulièrement les plus fortes marées d'Europe, ce roc pyramidal isolé se dresse comme une saisissante image des sociétés médiévales. Nul ne peut rester indifférent devant cette illustre silhouette qui, de tout temps, fascina pèlerins et voyageurs : un monastère groupé autour de son église, ensemble architectural audacieux et exceptionnel en France, et à ses pieds une petite ville cernée de remparts.

G E R B E R O Y **OISE**

GERBEROY OISE

Gerberoy apparaît dans l'Histoire en tant que possession de l'évêque de Beauvais, administrée par son vidame et dès le début de l'ère carolingienne elle fut un important vidamé. En 992 Francon de Gerberoy fit murer la ville avec la permission du roi et bâtir une église collégiale dans l'enceinte du château «afin de pouvoir porter propriétairement la qualité de vidame». Dans une charte de donation datée de 1015 il est dit que Gerberoy avait alors un château (castrum), alentour un bourg (burgum) et une forteresse (firmitas). Sentinelle avancée du Beauvaisis français en face de la Normandie (anglaise depuis 911), Gerberoy sera, du xe au xve siècle, une place forte frontalière convoitée par les deux partis. Le premier siège de la ville eut lieu en 1079; bien d'autres suivront, notamment ceux de 1160, 1197 puis 1428, 1432, 1435 et 1449. Les guerres de Religion furent à nouveau une période sombre : en octobre 1592, après la défaite d'Aumale, Henri IV livra la place aux Ligueurs de Beauvais qui laissèrent la ville et le château en ruines. En mai 1611 un terrible incendie détruisit près du quart de la cité; trois autres incendies suivront (1651, 1673 et 1694), mais à chaque fois les Gerboréens relèvent les ruines et rétablissent les portes. Le 27 mai 1639 Louis XIII passa à Gerberoy et deux ans plus tard ce fut son ministre, Richelieu, qui «allant sur les frontières, logea au lieu du Roy, où le Chapitre, en surplis, vint lui faire la révérence». La Révolution rebaptisera la petite cité «Gerbe-la-Montagne».
En 1789 il y avait 287 habitants, dont «120 citoyens». En 1836 la population n'a guère évolué avec 282 habitants; en 1909 elle chute à 240 et n'est plus aujourd'hui que de 77 habitants.

Pour en savoir plus :
«Gerberoy», par Hélène d'Argœuves, Paris 1963.

Bâtie sur une «motte», la forteresse de Gerberoy commandait l'entrée du Beauvaisis et de la Picardie. Cette situation lui valut de subir de nombreux sièges et des destructions qui laissèrent peu de vestiges de son passé. La cité conserve sa forme ovale primitive délimitée par le tracé des anciens fossés et remparts. Les constructions à colombages sont ici nombreuses, le bois se trouvant en abondance. Mais aux confins de la Normandie et de la Picardie, dans le pays de Bray, le torchis est souvent remplacé – influence picarde – par des hourdis de brique. ▶

Aujourd'hui les vieilles «masures» de Gerberoy – telle cette pittoresque Maison Bleue datée de 1691 – ont repris force et jeunesse avec l'apport des nouveaux occupants. Il ne reste rien du château, mais cette porte rappelle qu'il était enfermé – avec la collégiale, l'école, les prisons, l'habitation du seigneur et quelques maisons de chanoines – dans une seconde enceinte. Les pittoresques ruelle Saint-Amand et rue du Château (à droite) sont pavées de gros blocs de grès ronds, la plupart d'époque (xviie).

Le château est cité dès 1025 dans le cartulaire de Saint-Cyprien de Poitiers : « castellum Ingla » puis « castellum Engli » vers 1070. Au XIIe siècle, les évêques de Poitiers établissent un monastère sur la rive gauche de l'Anglin, sous le château ; cette abbaye de Sainte-Croix, dont il ne reste presque rien, allait rapidement devenir un ensemble monastique important. Les évêques de Poitiers sont les suzerains d'Angles mais il semble que leur autorité ait été quelque peu limitée par la puissance des Lusignan, redoutables seigneurs auxquels ils avaient inféodé la châtellenie.

La situation se modifie au siècle suivant : dès 1211, les religieux de Sainte-Croix s'émancipent de la dépendance de la puissante abbaye bénédictine de Saint-Cyprien de Poitiers et, vers la fin du siècle, les Lusignan cèdent château et parts de seigneurie si bien qu'en 1282 la châtellenie d'Angles dépend entièrement du temporel des évêques de Poitiers. A la fin de la guerre de Cent Ans, la petite ville retrouve sa prospérité grâce aux évêques et surtout au travail des religieux de Sainte-Croix. En 1459 la châtellenie est qualifiée de baronnie et en 1481 Louis XI encourage cette « renaissance » en rétablissant foires et marchés.

Le nom de ce roi évoque le souvenir du cardinal Jean Balue, né à Angles d'une famille modeste en 1421. Après avoir rapidement gravi les degrés de la fortune, il abusa de la confiance de Louis XI en vendant au duc de Bourgogne des secrets d'État ; démasqué, le roi le fit enfermer dans l'une de ses « fillettes », inconfortables cages de fer dont le cardinal était lui-même, croit-on, l'inventeur ! Il expia sa trahison durant onze ans et fut libéré à la demande du pape.

En 1652, le château d'Angles est mentionné, avec ceux de Dissay et de Chauvigny, comme ayant été reconquis par le duc de Roannez, au nom du roi, sur les partisans poitevins de la Fronde. En 1708, l'évêque de Poitiers demande au Parlement de Paris l'autorisation d'abandonner le château, les frais de restauration étant alors trop élevés. La réponse fut favorable, puis la Révolution décrétera carrière publique ce vénérable monument. Au siècle dernier, le bourg avait acquis renom et prospérité grâce à la lingerie fine et notamment aux « jours » d'Angles, broderies traditionnelles à fils tirés.

Aujourd'hui, les Anglais (!) sont 322.

Pour en savoir plus :

« Angle-sur-l'Anglin, la ville et le château ; essai de reconstitution archéologique et historique », par H. Gaillard, Société des Antiquaires de l'Ouest, Poitiers 1959.

« Dictionnaire topographique du département de la Vienne », par M. L. Rédet, Paris 1881.

Autrefois protégée par une enceinte (rien ne subsiste), la ville est installée sur les rives de l'Anglin, aux confins du Poitou, de la Touraine et du Berry : au fond, sur le plateau, la « ville haute » s'articule autour de l'église Saint-Martin (clocher roman poitevin) et d'une grande place, tandis que la « ville basse » serre ses maisons, sur la rive gauche, autour de la chapelle Sainte-Croix (à gauche). Entre la rivière et le plateau, les ruines de la forteresse s'étirent sur un éperon effilé qu'un large ravin isole du plateau. Probablement édifié aux XIe et XIIe siècles, l'ensemble a été profondément remanié à la fin de la guerre de Cent Ans par l'évêque Hugues de Combarel et son successeur, Guillaume de Charpagne. ▶

ENTREVAUX ALPES-DE-HAUTE-PROVENCE

Adossée à une haute falaise couronnée par le fort (650 mètres), la ville, dont la plupart des maisons datent des XVIIe et XVIIIe siècles, s'inscrit dans une boucle du Var (rive gauche) qui la ceinture presque entièrement. Elle est défendue par une enceinte triangulaire qui s'ouvre par trois portes munies de pont-levis, la porte Royale, ici, au premier plan, en étant l'entrée principale. Au fond, le chemin de communication entre la ville et le château, dont les neuf rampes en zigzag «sabrent» le rocher d'Entrevaux de façon si caractéristique, fut prescrit par Vauban en 1693; sa construction (à partir de 1697) fut un véritable exploit qui demanda près de cinquante années de travaux!

Au croisement de plusieurs routes très anciennes, le rocher d'Entrevaux ferme l'entrée occidentale d'une petite plaine où s'étendait au Moyen Age la ville seigneuriale et épiscopale de La Seds. Cette agglomération a disparu, tout comme la « civitas » de Glandate (ou Glanate) qui la précéda, semble-t-il, sur le même site. La première mention d'Entrevaux (« castrum de Entrevals »), principale dépendance et avant-poste de La Seds, n'apparaît que dans les années 1200. L'annexion du comté de Nice à la Savoie, en 1388, modifia profondément la situation militaire d'Entrevaux : enclavée sur trois côtés par les terres savoyardes, la petite place se trouva désormais garder l'une des principales portes de la Provence.

C'est sans doute à cette époque que les seigneurs du lieu édifièrent au sommet du rocher une petite forteresse et que la ville basse s'entoura d'une muraille. En 1536, lors de l'invasion avortée de la basse Provence par Charles Quint, Entrevaux fut prise mais au bout de six années d'occupation les habitants se libérèrent par un coup de force et firent porter les clés de la ville à François Ier, roi de France et comte de Provence. Par une charte signée en Avignon la même année, celui-ci accepta la place d'Entrevaux « comme de propre patrimoine » et accorda aux habitants certains privilèges. En 1690, le duc de Savoie entre dans la ligue d'Augsbourg et la frontière italienne (à deux kilomètres d'Entrevaux), qu'une longue paix avec la Savoie avait fait oublier, préoccupa à nouveau les stratèges de la Cour. Sur les indications de Niquet, directeur des fortifications de la Provence et du Dauphiné, Vauban prépara (sans avoir vu le terrain) un projet général pour la fortification de la cité (31 janvier 1693). Le 5 novembre 1700 Vauban se rendra sur place et élaborera un second projet : c'est donc le projet de 1693 corrigé et complété par les dispositions de 1700 qui est « inscrit » dans le site. Brusco, qui prit sa retraite en 1844, fut le dernier de la longue série des ingénieurs royaux en résidence à Entrevaux; il réussit à faire achever l'enceinte de la ville et à renforcer les défenses du château.

Déclassée en place de deuxième série le 10 août 1853, Entrevaux ne fut plus qu'un dépôt sans grande importance stratégique.

Au début du XVIIIe siècle, la population de cette ancienne ville royale avoisinait les 1 500 âmes; aujourd'hui elle n'est plus que de 308 habitants.

Pour en savoir plus :

« Guide des fortifications d'Entrevaux - vade-mecum des monuments d'Entrevaux », par Roger Greaves, éditions A.C.I., Entrevaux 1986.

Au sud, ce front était le plus vulnérable car le Var qui coule à ses pieds était souvent guéable; il est défendu par deux tours bastionnées dont celle de la Portette, ici, unique en son genre car elle conserve son aspect d'origine. Achevée en 1707, c'est l'ouvrage le plus caractéristique de l'art de la fortification selon Vauban à Entrevaux.

La porte Royale et sa « tête de pont » furent construites dans les années 1690-1705. Les deux tours rondes qui en commandent l'accès avaient au moins un siècle de retard dans l'art de la fortification. Noter la disposition originale et exceptionnelle du pont-levis où le tablier de bois, relevable, recouvre un évidement du pont lui-même.

A 2040 mètres d'altitude, implantée sur un adret schisteux en pente douce, Saint-Véran est la plus haute commune d'Europe. Surnommé «le Travers» (parce que s'étirant sur près d'un kilomètre!), le hameau principal se compose de plusieurs quartiers – ici celui du Villard – qui étaient autrefois isolés pour diminuer les risques de propagation d'incendie. Traditionnellement recouvertes de lauzes de schiste ou, comme ici, de bardeaux de mélèze, les maisons de bois de Saint-Véran forment un ensemble architectural exceptionnel même si, çà et là, elles ont été modifiées pour le confort moderne.

Saint-Véran, village du Queyras, et Névache, village du Briançonnais, verront leur histoire étroitement liée quand, autour de l'an 1000, ces deux régions passent sous la domination de Guiges Ier, comte d'Albon, dont les descendants seront connus plus tard sous le nom de dauphins de Viennois. La prospérité du Briançonnais lui permet de racheter son indépendance (charte du 29 mai 1343) à Humbert II (dernier des comtes du Dauphiné, ou dauphins de Viennois) qui connaît des difficultés de trésorerie. Ainsi est créée la célèbre «république des Escartons» (du verbe escarter, signifiant répartir), une des premières d'Europe, avec les cantons suisses et les «länder» autrichiens. On compte alors cinq «escartons», deux du côté français (Briançonnais et Queyras) et trois du côté italien. Cette transaction sera cependant insuffisante pour renflouer les finances d'Humbert II qui, en 1349, négocie la vente du Dauphiné au roi de France.

Les guerres de Religion éprouveront durement le Queyras jusqu'en 1598. En 1685, la révocation de l'édit de Nantes va considérablement modifier les paysages humains du Queyras : persécutés, menacés de galères, des protestants vont émigrer en Suisse et en Allemagne; on estime le nombre de ces migrants à 3 700 sur une population évaluée à 11 000 âmes! Ces troubles religieux qui mettront la région à feu et à sang ne prendront fin qu'à la Révolution. En 1713 le traité d'Utrecht prive Briançon de ses escartons italiens et la Révolution française va donner le coup de grâce à cette république qui se fond, le 4 août 1789, dans la République française, une et indivisible.

231 habitants peuplent aujourd'hui Saint-Véran qui en connut 831 en 1836.

Pour en savoir plus :

«Le Queyras, guide été/hiver», par Mathieu et Serge Antoine, 1988.

«Guide Bleu Provence, Alpes, Côte d'Azur», Éditions Guides Bleus-Hachette, Paris 1987.

L'architecture des maisons anciennes de Saint-Véran est si caractéristique qu'elle a été décrite dans tous les ouvrages d'architecture rurale : ce sont presque toujours de grands bâtiments aux soubassements de pierre surmontés des célèbres «fustes» (du latin *fustis :* bois ou poutre), vastes balcons de bois où l'on mettait le foin à sécher. La plupart de ces maisons ont été construites dans la seconde moitié du XVIIIe siècle.

Non loin de Briançon, la vallée de la Clarée ou de Névache (de «Annevasca Valle», vallée enneigée) a su préserver une nature authentique et une architecture traditionnelle qui en font une des plus séduisantes vallées de la région. Après Plampinet, elle s'ouvre en un large berceau où, bien exposés à l'adret, se sont installés Névache et ses hameaux, la Ville Haute, ici, en étant le principal. Son église fut construite en 1490 à l'emplacement d'un château féodal (castrum Navaschia) dont on conserva la tour du XIe siècle pour servir de base au clocher. ▶

Malgré la proximité du littoral et de Nice, Èze a su garder, sur fond de « grande bleue », son charme d'antan. On y pénètre toujours par l'unique porte médiévale, double porte fortifiée autrefois précédée d'un pont-levis (au premier plan, au centre). Bien restaurées, les maisons du village enserrent un pittoresque dédale de ruelles et de « calades » piétonnes.

Le site du village d'Èze a été identifié par les archéologues comme étant l'un des nombreux castellaras de la fin de l'âge du bronze. Abandonnés pendant la paix romaine, ces castellaras (« simples clôtures solides et bien établies » sur une protubérance) sont à nouveau occupés au cours des invasions barbares (v^e^ au xe siècle). Ainsi naîtront la plupart des villages perchés actuels et le piton d'Èze, si tant est qu'il n'ait jamais été abandonné, est alors réoccupé et fortifié.

Le nom d'Èze est cité pour la première fois en 1075 et ses premiers seigneurs connus – les Riquier – apparaissent dans le courant du XIIIe siècle. En 1388, Nice (dont dépendait Èze) se sépare de la Provence pour se placer sous la suzeraineté de la maison de Savoie. Devenu savoyard, le comté de Nice va devoir assumer les conséquences historiques qu'implique ce choix : 1543, les Français alliés aux Turcs assiègent Nice, la flotte française mouille dans la rade d'Èze; 1691, les Français ravagent le pays et rançonnent la communauté d'Èze; 1706, Louis XIV ordonne la destruction de toutes les forteresses du comté de Nice : le château d'Èze saute à la mine en même temps que celui de Nice; 1742, c'est la guerre et les Français, alliés cette fois-ci aux Espagnols, réoccupent le pays; Èze est à nouveau rançonné; 1792, les troupes révolutionnaires s'emparent de Nice sans coup férir et sont à Èze le lendemain. Autant d'invasions françaises, autant d'occupations militaires. Autant d'échecs aussi puisque le comté de Nice, après être retourné en 1814 à la maison de Savoie (traité de Paris), ne deviendra français qu'en 1860. Le village ne compte qu'une centaine d'habitants, dont la moitié de résidents secondaires, la plupart étrangers; les véritables Ézasques de souche constituent aujourd'hui une minorité d'une dizaine de personnes tout au plus.

Pour en savoir plus:

« Guide de Èze + Laghet », collection « Découverte » dirigée par Alain Amiel, Éditions A.M., Nice 1984.

Vu depuis la Grande Corniche, Èze-village offre l'un des sites les plus pittoresques de la Riviera. Entre Nice et Monaco, ce village perché de l'ancien comté de Nice embrasse l'un des plus beaux paysages de la Côte d'Azur : entre la presqu'île de Cap-Ferrat, à gauche, et le cap d'Antibes, au fond à droite, la baie des Anges est aussi célèbre que Nice (dont on ne voit qu'une piste de l'aéroport) et « lou Camin dai Anglès » (promenade des Anglais). ▶

Le village est couronné par un remarquable jardin exotique, en partie visible ici, regroupant plantes grasses et essences rares, créé en 1949 à l'emplacement des fortifications du château. Jusque dans les années 1970, la petite bourgade a vécu notamment de la culture des agrumes (la mandarine d'Èze est célèbre) et de l'horticulture où dominait la culture des œillets. Les activités liées au tourisme ont aujourd'hui pris le relais.

La hauteur impressionnante des murs nécessitait de puissantes assises prenant appui, autant que possible, directement sur le rocher. Des contreforts de pierre, les «pountis» (ou pountins), les étayent et renforcent leur stabilité comme ici dans la pittoresque «carriera soutrana», rue basse du village qui longe la dernière rangée de maisons-remparts. Formant des passages voûtés plus ou moins importants, ces pountis sont l'une des caractéristiques les plus pittoresques des villages méditerranéens et provençaux.

La première mention de Peillon apparaît dans deux textes du XIIe siècle du cartulaire de l'ancienne cathédrale de Nice, mais le piton sur lequel est bâti le village fut vraisemblablement occupé dès l'époque celto-ligure. Au cours du Moyen Age «Polleno» fait partie du bailliage de Peille et de la grande viguerie de Nice; le fief est partagé entre plusieurs coseigneurs inféodés aux comtes de Provence. En 1391, comme l'ensemble de la Provence orientale, le château et la «villa de Pellone» passent sous la suzeraineté de la maison de Savoie. Désormais Peillon suit le sort de Nice, mais sa position retirée et probablement son intérêt stratégique mineur la tiendront à l'écart des combats qui, jusqu'au rattachement à la France, auront pour théâtre le comté de Nice. La confrérie des Pénitents blancs de Peillon fut fondée le 18 mars 1661; elle existait toujours en 1809. A l'entrée du village, la chapelle qui porte leur nom conserve des fresques de la Passion du Christ exécutées par Giovanni Canavesio vers 1485. Au siècle dernier, la vigne et les oliviers sont les principales ressources du village : dans les années 1830, Peillon produit de la bonne huile d'olive et le vin blanc muscat «y est excellent»! En 1315, Peillon compte 31 feux (environ 130 âmes). En 1754 la population est de 354 habitants, de 408 dont 311 intra-muros en 1809. Aujourd'hui la commune compte 1 038 habitants, dont 372 Peillonnais.

Pour en savoir plus :

«Peillon, sur l'éboulis de la montagne», ouvrage collectif, publié aux éditions «Sous le Signe de l'Olivier», Nice 1955.

Juché en nid d'aigle au sommet d'un piton, le pittoresque village de Peillon est sans conteste l'un des plus beaux villages perchés de Provence orientale et il peut être considéré, à juste titre, comme l'archétype presque parfait de ce genre d'habitat. L'ensemble, tassé sur son éminence, dominé par l'église et entouré de maisons-remparts, est saisissant.

Le village se termine sur la dernière rangée de maisons qui formait rempart, ses hautes façades restant alors quasiment aveugles et ne présentant d'ouvertures que vers l'intérieur du village. Dans le prolongement de cette rangée de maisons (sous la maison ocre) s'ouvrait l'unique porte médiévale (un montant subsiste).

A l'extrémité haute de la rue du Trencat, l'ancien hôtel de Glandevès (XIVe-XVe, décrit à demi ruiné dès 1677), d'où est prise cette photographie, abrite le musée archéologique et lapidaire. Devenu au XVe siècle propriété de la famille de la Tour, surnommée du Brau, il offre une belle vue de la chapelle Saint-Blaise (XIIe siècle) que jouxtent les ruines de l'hôpital Saint-André, bâti vers 1584 par Jeanne de Quiqueran.

Dès le IIIe millénaire, le site a été occupé de façon permanente mais le village n'entre véritablement dans l'histoire qu'à la fin du xe siècle, lorsqu'une puissante famille féodale apparentée aux familles vicomtales de Marseille et d'Avignon assoit sa domination sur la basse Durance. Au xie siècle, installés définitivement sur le rocher des Baux, les seigneurs du même nom y font construire un castrum. Prétendant descendre du roi mage Balthazar, ils prennent pour emblème l'étoile à seize rais, et rejettent la tutelle des comtes de Provence et de l'empereur. Leur puissance s'étend sur soixante-dix-neuf fiefs répartis dans toute la Provence, de la Drôme au Var, qui prennent le nom de « terres baussenques ».
En dépit de toutes les luttes féodales, Les Baux sont aux xiie et xiiie siècles le siège d'une vie brillante et raffinée : c'est la grande époque des troubadours, parmi lesquels des seigneurs eux-mêmes.
Au xive siècle, cette seigneurie aventureuse profite des troubles qui accompagnent l'avènement de la reine Jeanne pour intriguer à nouveau. Elle se déclare contre le pape, contre le comte de Provence... mais pour l'antipape d'Avignon. Le sinistre Raimond de Turenne, avant-dernier seigneur des Baux, se comporte en véritable chef de bande, mettant la Provence à feu et à sang. Il avait dépossédé Alix des Baux qui reprendra possession de ses biens en 1392. Morte en 1426, elle finit la longue et orgueilleuse lignée des Baux.
En 1427, la seigneurie est annexée au comté de Provence et à partir de 1481 et jusqu'en 1642 elle relèvera du roi de France qui la fera administrer par des capitaines gouverneurs.

Au sommet du rocher, le donjon est la partie la moins ruinée du château; en partie creusé dans le roc, il fut sans doute élevé au xiiie siècle à la place d'une construction plus ancienne. Au pied du rocher, le « terras » du château est une sorte d'immense basse-cour autour de laquelle s'organisaient écuries, magasins, communs, etc. Légèrement à droite, appuyées contre le rocher, les ruines de l'ancienne chapelle castrale (Notre-Dame-du-Château au xiie siècle) marquent l'entrée du château proprement dit. Toute cette partie était isolée du village par un rempart doublé d'un fossé. Ce périmètre comptait des maisons particulières, d'où son nom de « cité morte » aujourd'hui.

Sur les confins méridionaux des Alpilles, la région des Baux n'est qu'un lambeau de mollasse sculpté en formes fantastiques, conférant au paysage sa physionomie particulière. Pendant longtemps cet étonnant chaos rocheux fut exploité comme carrière. Tel un immense vaisseau de pierre déchiquetée, le rocher des Baux domine la plaine caillouteuse de la Crau jusqu'au Vaccarès et à la mer. Il est couronné par les ruines d'un château qui, pratiquement inexpugnable jusqu'aux progrès de l'artillerie, fut l'un des plus puissants sites militaires de Provence. Étirée le long de la falaise, la ville n'occupe qu'une partie de terrain située à l'ouest et au sud du château. ▶

Pour préserver la paix dans le pays, Louis XI fait démanteler le château en 1481 : la seigneurie perd ses terres et devient simple baronnie, donnée en apanage à de grands personnages. Le connétable Anne de Montmorency, à qui elle échoit en 1528, fait renaître l'époque de faste connue trois siècles plus tôt (restauration du château et des fortifications, construction d'hôtels particuliers...). Dès 1540, les idées de la Réforme divisent les familles nobles; les protestants sont délogés du château en 1562 par Jean de Quiqueran dont la femme est restée célèbre pour avoir fait construire un hôpital et surtout le pavillon de la reine Jeanne. En 1630, le dernier viguier des Baux prend parti pour le duc d'Orléans contre Louis XIII et les Baussencs accueillent les insurgés aixois opposés aux édits d'imposition de Richelieu : la ville est occupée sur ordre du roi. En août 1631, à la demande des habitants, les remparts et le château sont détruits et la seigneurie des Baux est rachetée par la communauté. Mais en 1639, endettée, la ville supplie Louis XIII d'user de son droit de rachat. Trois ans plus tard le roi finira par accepter et, après avoir érigé la baronnie en marquisat, il en fait don à Hercule de Grimaldi pour le remercier d'avoir chassé les Espagnols de Monaco (18 novembre 1641). Les Grimaldi, qui titrent toujours marquis des Baux, conserveront le fief jusqu'à la Révolution. La cité totalise 150 maisons au début du XVIe siècle, avec près de 3 600 habitants! Dès le XVIIe, la ville est désertée pour Maussane et Mouriès. Elle compte aujourd'hui 62 habitants.

Pour en savoir plus :

«Les Baux», par Paul Pontus, Nouvelles Éditions latines, Paris 1971.

Protégé et presque entièrement classé, le site des Baux offre un curieux mélange de ruines et d'édifices restaurés. Mais si soigneuses soient-elles, ces restaurations ne parviennent pas à restituer toute son homogénéité au paysage urbain : ville recréée pierre à pierre, Les Baux font parfois songer à un décor de théâtre. Les maisons les plus caractéristiques sont les demeures Renaissance, le plus bel exemple en étant l'hôtel de Manville (mairie), à droite, construit en 1571 pour Claude III de Manville.

Surplombant à pic le vallon de la Fontaine, la place Saint-Vincent a subi de profonds changements au siècle dernier du fait des restaurations effectuées par l'architecte Revoil, tant à l'église qu'aux abords. A droite, l'église Saint-Vincent (XIIe siècle, agrandie et remaniée du XVIe au XIXe) est l'église paroissiale des Baux depuis 1481. A gauche, la chapelle des Pénitents blancs fut construite en 1622 et restaurée en 1935 puis en 1974; elle est entièrement décorée de fresques dues à Yves Brayer.

BARGÈME VAR

Au début du XIIe siècle, les seigneurs de Castellane sont les suzerains de Bargème; au siècle suivant ils perdent leurs droits au profit des Pontevès; en 1293 Foulques de Pontevès porte le titre de seigneur de Bargème. L'histoire de Bargème est donc liée à cette ancienne famille provençale dont les archives de Saint-Victor de Marseille conservent le souvenir depuis l'an 1000.

Au cours des guerres de Religion, la troupe catholique de Jean-Baptiste de Pontevès pilla sans merci la proche ville de Callas. Dans le cœur de ses habitants naquit alors une haine tenace qui devait durer presque une génération et fut à l'origine d'une série de crimes qui anéantit, entre 1579 et 1595, une bonne partie de la famille de Pontevès. Les habitants de Bargème faisaient cause commune avec ceux de Callas. Ému par tant de crimes, le parlement d'Aix-en-Provence émit un arrêté condamnant les habitants de Bargème à édifier la chapelle expiatoire de Notre-Dame-des-Sept-Douleurs. Sossy, lieutenant d'une compagnie de «gens de pied» de l'armée protestante et chef des meurtriers de Jean de Pontevès et de ses fils, fut pendu en 1592.

Au début du XIXe siècle le duc de Sabran épouse l'héritière des Pontevès, fille du marquis de Pontevès-Castellane et comte de Bargème. Leurs descendants résident aujourd'hui au château d'Ansouis, dans le Vaucluse, et viennent chaque année au château.

Bargème comptait environ 320 habitants au début du XIVe siècle, 200 en 1471, 350 à la fin du XVIIIe, 440 en 1821, 104 en 1939, 58 en 1962, et 74 aujourd'hui pour l'ensemble de la commune, regroupée en huit hameaux.

Pour en savoir plus :

«Le cas de Bargème», étude réalisée par Maurice Perrier, U.E.R. de la Faculté des lettres et sciences humaines, Université de Nice, 1981.

Ici, l'enceinte médiévale a disparu et cette porte dite du Levant en est le seul vestige. Cette porte était encore utilisée en 1892 pour pénétrer dans le village; à proximité, le quartier de l'Arcade présente également plusieurs maisons ruinées. ▶

Le village ne se compose que de quelques maisons et depuis le début du siècle Bargème lutte contre la désertion de ses habitants. L'isolement, l'escarpement du site, la stérilité du sol ont fait fuir presque tous les agriculteurs. Depuis la guerre, l'auberge, l'épicerie et la boulangerie ont tiré leur rideau faute de clientèle; l'école fermera ses portes en 1955. Aujourd'hui, le village est pratiquement désert mais l'attrait touristique de la région, les animations estivales et surtout les résidents secondaires – de plus en plus nombreux – rendent l'espoir à ce beau village qui ne veut pas mourir.

BONNIEUX **VAUCLUSE**

Face au village de Lacoste, Bonnieux étage ses maisons sur le bord d'un plateau qui, de la vallée d'Apt au Luberon, embrasse un paysage superbe. La ville était enfermée dans une triple enceinte qui suit le développement du bourg et dont de nombreux vestiges subsistent. Le « castellas », castrum primitif mentionné dans les textes du xe siècle, s'élevait au sommet du site, ici, à droite, à l'emplacement de la pinède ; cet éperon rocheux était ceinturé d'un rempart dont on aperçoit l'unique porte d'accès (dit portail des Chèvres, probablement du xiie siècle). Une deuxième enceinte (invisible ici) va englober, vers le milieu du xiie siècle, un habitat important qui s'était développé en contrebas du castrum...

En 966-972, le cartulaire d'Apt fait mention de deux vignes « sub castro Bonilis » données par l'évêque d'Apt à Notre-Dame d'Apt. « Sub castro » signifiant « sous le château » prouve qu'il existait bien dès le xe siècle un lieu fortifié à Bonnieux. C'est l'une des plus anciennes mentions de castrum pour la Provence où de telles édifications sont en général plus tardives. Les premiers seigneurs de Bonnieux sont issus de la puissante famille de Saint-Mayeul, mais dès 1125 le Venaissin – dont Bonnieux fait partie – échoit aux comtes de Toulouse. A la mort d'Alphonse de Poitiers (1271) le roi de France Philippe le Hardi s'empare du comtat Venaissin qu'il gardera trois ans avant de le céder au pape Grégoire X qui le revendiquait. Ainsi, avec sa particularité d'enclave en Provence, Bonnieux était désormais lié, et pour 517 années, aux destinées du domaine pontifical. En 1545, Bonnieux, ville très majoritairement catholique, est aux portes de la répression vaudoise en Luberon : environ trois mille personnes seront massacrées, six cents envoyées aux galères ; dix-neuf villages proches de Bonnieux – notamment Lacoste – seront détruits. En 1573 « le siège de Ménerbes » par les huguenots enflammera une nouvelle fois le territoire limitrophe de Bonnieux. Le 14 septembre 1791 un décret de l'Assemblée constituante décréta qu'« en vertu des droits de la France et conformément au vœu de la majorité des Communes, les deux États d'Avignon et du Comtat Venaissin [faisaient] partie intégrante de l'empire français ». En 1572 le territoire de Bonnieux regroupe 3 479 personnes ; de 1600 à 1793 la population est pratiquement stationnaire avec une moyenne de 2 400 âmes. Elle semble avoir culminé vers les années 1850 avec 2 674 habitants ; aujourd'hui, la commune de Bonnieux n'en compte plus que 1 385 (avec 501 Bonnieulais seulement).

Pour en savoir plus :

« Bonnieux, histoire et vie sociale d'une ancienne enclave pontificale en terre de Provence », par René Bruni, Éditions Études, Apt 1989.

Une troisième et plus vaste enceinte constituée d'un rempart plus important, flanqué de tours engagées, se dessine à partir de 1368. Ici, au sud, longeant le chemin de Lourmarin, le tracé de cette longue muraille du xive siècle est toujours parfaitement lisible, mais les plus beaux vestiges se trouvent à l'ouest et au nord de la ville.

Bonnieux conserve quelques hôtels particuliers des xvie, xviie et xviiie siècles témoignant de son opulence passée. La vieille église qui domine le village était autrefois la chapelle du castrum ; c'est un édifice roman (xiie siècle) agrandi et remanié du xve au xviiie siècle. Au sommet de son clocher fut érigée en 1865 une statue de la Vierge due au ciseau du sculpteur bonnieulais Audibert. ▶

L'élimination des Sarrasins fut pour toute la Provence le signal du renouveau. A cause d'eux, Apt et sa région restèrent en presque totalité ruinées du VIIIe siècle au début du XIe. Dès la fin du Xe siècle, les habitants se groupent autour du castrum protecteur et en cinquante ans toute la région se couvre d'édifices. Deux chartes du cartulaire Saint-Victor de Marseille – datées de 1031 et 1035 – mentionnent le village de Gordes en tant que tel. Pendant plus de sept siècles, une seule et même famille, celle des d'Agoult puis des Simiane, possédera le fief de Gordes. Il est intéressant de noter que la majeure partie de leurs archives se rapporte à la lutte incessante qui les a opposés pendant près de six siècles aux Gordiens à propos des franchises municipales.

Pendant les guerres de Religion, le baron des Adrets chercha à s'emparer de Gordes mais il fut trahi par un de ses soldats qui, Gordien, voulut sauver ses compatriotes; la ville se prépara à la défense, ce qui n'incita pas le baron à attaquer. Louis Henri Joseph de Bourbon, prince de Condé, sera le dernier possesseur du marquisat à la veille de la Révolution.

Centre actif de la Résistance au cours de la Seconde Guerre mondiale, la cité fut bombardée en 1944 et reçut le 11 novembre 1948 la croix de guerre. Dans la première moitié du XIXe siècle, plus de 1 500 personnes résidaient à Gordes; la ville n'en compte plus que 1 100 en 1866, 232 en 1954 et 399 aujourd'hui.

Pour en savoir plus :

«Gordes, notes d'histoire», par Jean-Louis Morand, Éditions de la mairie de Gordes, Cavaillon.

On trouve encore à Gordes quelques belles maisons de la fin du XVIe siècle ou du début XVIIe; ainsi le «palais Saint-Firmin», qui s'ouvre dans la pittoresque rue du Four par cet élégant portail.

Bâti sur le bord d'un promontoire escarpé, Gordes est pour beaucoup le type parfait de l'oppidum ligure à l'emplacement duquel s'est développé au Moyen Age un village fortifié. Quand André Lhote «découvrit» Gordes en 1938, avant qu'un autre peintre, Vasarely, ne le rende célèbre, le village était en bien piteux état. Aujourd'hui la vague touristique et la vogue du village ont enrayé son déclin, mais on y voit encore quelques maisons en ruine, notamment ici sous la falaise.

Édifiés en lignes concentriques qui épousaient les courbes de niveau, les remparts donnaient à Gordes un aspect caractéristique et la description de Rémerville en 1690 : «Gordes, gros bourg fermé de murailles» corrobore avec les cartes postales des années 1900 sur lesquelles se voient de nombreuses fortifications aujourd'hui disparues. Ici, cette ruelle qui grimpe vers la cité conduit à la porte de Savoie, l'un des derniers vestiges.

Dorés par le soleil couchant, l'église et le château dominent de leurs masses les hautes maisons du village. Surmontée d'un clocher carré à campanile pyramidal, l'église Saint-Firmin a été bâtie en 1704 sur un édifice antérieur. Derrière elle, le château est un puissant bâtiment reconstruit presque entièrement dans les années 1525 par les Simiane. Bien restauré, il abrite aujourd'hui le musée Vasarely, qui contribue à la renommée de Gordes.

A huit kilomètres de Gordes, Roussillon est l'un des plus pittoresques villages du pays d'Apt. Bâti sur un piton rocheux, ce village offre un site remarquable car il est environné de carrières et de falaises d'ocre dont toutes les tonalités – du rouge sang au jaune d'or éclatant – se retrouvent dans le crépi des maisons, ce qui lui confère une harmonieuse unité. ▸

La rue des Rondes – qui en maints endroits conserve son ancien pavage de galets – fait le tour de la cité; elle est bordée de maisons directement adossées au rempart. Sa partie nord-est offre la plus belle série de logis bien conservés, notamment le Grenier à sel qui, bien restauré, a gardé son chemin de ronde extérieur. Cette maison fut, de 1536 à 1790, «chambre d'entrepôt de sel», annexe de l'important grenier à sel de Montluel qui ravitaillait la Bresse en sel venu de Camargue.

Aux confins de la Dombes, de la Bresse, du Dauphiné et du Lyonnais, Pérouges est juchée sur un promontoire isolé qui n'est séparé de Meximieux que par ce vallon, ici, où coule le ruisseau de Longevent. La ville était autrefois enfermée dans une double enceinte bordée d'un fossé et possédait un château dont les derniers vestiges tombèrent à la Révolution. Soigneusement restaurées, ses maisons remontent presque toutes à la Renaissance et constituent un ensemble architectural exceptionnel, notamment en raison de son homogénéité. La plus grande partie de la cité est d'ailleurs classée Monument historique (M. H. ou Inv. M. H.). ▸

La ville et le château de Pérouges entrent dans l'Histoire «environ l'an 1130» alors que Guichard Ier, sire d'Anthon en Dauphiné, vient de recevoir le château de Pérouges en fief des comtes de Forez et de Lyon. Dès le début du XIIIe siècle, les «habitants et bourgeois» de Pérouges se verront accorder une charte de franchises leur garantissant d'intéressants privilèges confirmés et élargis en 1329, 1334 et 1343 par les dauphins de Viennois.

Passant de la famille d'Anthon à celle de Genève, puis, au lendemain de la bataille de Varey (1325) entre Savoyards et Dauphinois, à la maison des dauphins, Pérouges sera ville et forteresse de Savoie de 1355 à 1601 malgré un court intermède français pendant les guerres d'Italie, entre 1535 et 1559. Ce sera l'âge d'or de Pérouges, ville prospère aux riches corporations (notamment celle des tisserands) fréquentée par «les marchands de France qui y passent pour se rendre de Lyon à Genève». Assiégés par les Dauphinois en 1454 puis par les Français en 1468, ses remparts «remaillés» d'année en année (depuis le XIIe siècle) tiendront bon et la citadelle acquerra gloire et renom. Mais à partir de 1750 les grands axes routiers – Lyon-Genève et Lyon-Strasbourg – passent par Meximieux, la ville voisine, et le tertre de Pérouges sera peu à peu délaissé.

A l'aube du XXe siècle Pérouges est une ville morte et pour comble de malheur un arrêté

Au cœur de la cité, la place de la Halle ne connaît plus l'animation de ses marchés car ses vieilles halles de bois ont disparu dans un incendie de 1839; elles se trouvaient devant la maison au cadran solaire. Au centre de la place, cet énorme tilleul qui étale son abondante frondaison est un authentique arbre de la Liberté, planté là en octobre 1792. ▶

municipal maladroit (1909) met en demeure les propriétaires de «réparer ou bien démolir» leurs maisons. Sans attendre, tout un quartier fut démoli mais un Pérougien dynamique, Anthelme Thibaut, parvint à enrayer «l'irréparable outrage»; peu après, il fonde le Comité de défense et de conservation du Vieux Pérouges qui depuis lors n'a cessé de poursuivre sa mission de sauvegarde et de restauration. La population de Pérouges atteint 700 habitants environ en 1435 pour culminer au milieu du XVIIe siècle avec un millier d'individus. En 1850 il y a encore 396 habitants mais en 1921 il n'en reste que 52! Aujourd'hui, les Pérougiens sont 464.

Pour en savoir plus :

«Histoire de la cité de Pérouges», par Adrien Favre, sans mention d'éditeur, Montluel 1988.

En cours de construction à la veille du siège de 1468, l'église fortifiée fut détruite par les Pérougiens eux-mêmes pour consolider en toute hâte leurs remparts. Reconstruite en 1469, elle fut achevée dix ans plus tard. Elle jouxte la porte d'En-Haut, principale entrée de la ville, surmontée d'une tour carrée dont on aperçoit le couronnement (à gauche). C'est dans cette partie de la ville (à droite, légèrement hors champ) que quelques belles maisons du XVe siècle furent démolies en 1910.

Les matériaux utilisés pour la construction des maisons et même du pavement des rues – tufs et galets roulés pour l'essentiel – contribuent beaucoup au charme du village. Partiellement ruinée, cette belle demeure dite maison du Prince (rue du Prince) fut édifiée par les comtes de Savoie mais servit surtout à loger leurs châtelains. Son architecture d'ensemble est bien caractéristique des maisons de Pérouges : belles fenêtres à meneaux et surtout une grande toiture qui, étayée, déborde largement de la façade.

L'Hostellerie (Ostellerie du Vieux Pérouges), place de la Halle, est l'une des plus élégantes demeures de la cité. Probablement construite au XIIIe siècle, remaniée au XVe, elle fut adroitement restaurée en début du siècle. La maison de gauche appartenait en 1396 à Jean Escoffier qui fut autorisé à lui adjoindre, cette année-là, cette pittoresque galerie donnant sur la place. Entre ces deux maisons s'ouvre la rue du Prince, autrefois la plus animée des rues de Pérouges car c'était celle des marchands.

B A L A Z U C **ARDÈCHE**

Le plus ancien document citant Balazuc date de 1077 où il apparaît sous le nom de Baladunum, qu'on a notamment traduit « Roche-Haute ». Pons est le plus connu des anciens sires de Balazuc : parti pour la croisade sous la bannière de Raymond de Saint-Gilles, comte de Toulouse, il serait à l'origine d'une « Histoire des Français qui prirent Jérusalem »; hélas, il tombe l'été 1099 au siège d'Arcos. Au début du XVIe siècle les seigneurs de Balazuc ne sont plus, depuis longtemps, les descendants de Pons; d'ailleurs, ils ne résident même plus au village. Lorsque la réforme se répand en Vivarais, alors que la plupart des localités voisines se rangent du côté huguenot, Balazuc devient une place forte catholique. Un peu avant la Révolution, c'est un village pauvre dont les habitants ne produisent qu'un peu de blé, un peu de vin, un peu d'huile et quelques cocons. Vers la seconde moitié du XVe siècle, la population est évaluée à 500 ou 600 habitants. Au début du XIXe, la commune connaît un certain essor grâce à la production séricole. Le nombre d'habitants passe de 576 en 1801 à 905 en 1851. Dans les années qui suivent, Balazuc, comme bien d'autres villages ardéchois, est frappé par un double fléau : la pébrine, maladie du ver à soie, et le phylloxéra qui dévaste les vignes. Pour beaucoup c'est la ruine et le départ vers les villes : la commune n'a plus que 684 habitants en 1881. Après la guerre de 1914-1918, on n'en compte plus que 456. L'élevage du ver à soie vivote alors, tandis que les premiers vergers de pêchers apparaissent. A partir de 1950, la vocation touristique de Balazuc se précise et aujourd'hui la population est de 275 habitants (124 dans le village).

Pour en savoir plus :
« Historique de Balazuc », par Jean Boyer, édité par l'Association de la Roche-Haute de Balazuc.

Dans un site pittoresque, Balazuc étage ses vieilles maisons sur le bord d'une falaise qui surplombe la rive gauche de l'Ardèche. Le village est toujours dominé par un robuste donjon roman avec accès à l'étage (on peut apercevoir sa partie haute. A droite, bâtie sur le bord de l'à-pic, la vieille église date probablement du XIIIe siècle, tandis que la nouvelle, au sommet du village, fut construite en 1892. Au centre, la route qui traverse le village fut taillée dans les rochers à la dynamite en 1897, au prix de la destruction de plusieurs maisons médiévales.

Le bourg était enfermé dans un rempart qui subsiste partiellement (on l'aperçoit, à droite) mais les quatre portes médiévales ont malheureusement disparu. Au fond, avec son petit fenestrage gothique, cette vaste demeure dite «Chastelvieil» était déjà mentionnée au xve siècle.

La rue des Arceaux était autrefois l'une des principales du village. Elle longeait en partie le rempart médiéval puis se faufilait entre les maisons, quelquefois sous elles, comme ici, pour former de pittoresques passages voûtés. Comme dans tous les villages médiévaux, les murs portent les traces d'innombrables remaniements.

B A L A Z U C **ARDÈCHE**

SAINT-MONTAN **ARDÈCHE**

A deux pas de la vallée du Rhône, entre Viviers et Bourg-Saint-Andéol, le village de Saint-Montan est discrètement blotti au confluent des gorges du Val Chaud et du vallon des Lieux. C'est peut-être l'un des villages les plus accessibles du bas Vivarais et peut-être aussi l'un des moins connus. Il est dominé par les ruines d'un château féodal qui dès 1609 est déclaré inhabitable et décrit en ruines au temps de Louis XVI.

Le nom de Saint-Montan perpétue le souvenir de l'ermite Montanus venu chercher, au Vᵉ siècle, paix et recueillement dans une petite «beaume» (grotte) d'un vallon rocheux baptisé Val Cau ou Val Chaud. On sait peu de choses sur la période médiévale, mais le château de Saint-Montan existait déjà à la fin du XIIᵉ siècle puisque un document daté du 2 novembre 1171 mentionne sa chapelle. Le fief semble avoir connu très tôt, et de façon durable, le régime de la coseigneurie avec pour seigneurs dominants les évêques de Viviers. La charte des franchises est perdue mais Saint-Montan se trouve représentée, vers le milieu du XVᵉ siècle, dans toutes les assemblées qui donnèrent naissance aux «États du Vivarais». Au cours des guerres de Religion, l'église paroissiale fut rasée par les huguenots (1568) et au printemps 1570 l'armée de Coligny (trois mille hommes et trois cents cavaliers!) s'empare du château et du village. En 1580 l'église est reconstruite et à partir de 1586 le village n'aura plus à repousser d'attaques.

Depuis 1970, ce superbe site médiéval reprend peu à peu vie sous l'égide de l'Association des Amis de Saint-Montan : les maisons ruinées sont patiemment restaurées, et aujourd'hui elles s'ouvrent à nouveau; des jeunes couples s'installent et l'école est sauvée. L'élan donné par la restauration du vieux village mais aussi la beauté du site et sa proximité de la vallée du Rhône ont favorisé cette renaissance.

En 1802 on dénombre 1 092 personnes à Saint-Montan. En 1854 la population culmine avec 1 620 habitants. Aujourd'hui elle atteint 1 011 habitants, dont 153 dans le village.

Pour en savoir plus :

«Notes historiques sur Saint-Montan», par Auguste Le Sourd, 2ᵉ édition, Privas 1969.

Vers la fin du xve siècle, la commanderie et le village furent reconstruits (les archives ne nous apprennent pas ce qui motiva ces travaux). A l'angle sud-ouest du rempart, cette vaste bâtisse flanquée de deux tours et surnommée le «salon des commandeurs» est l'un de ces logis de la commanderie.

L'ancienne chapelle castrale, dite « Saint-Jean-des-Commandeurs », est un édifice roman (XIIe-XIIIe) dont l'état s'est considérablement dégradé depuis le début du siècle. Transformée en temple, elle fut restituée aux catholiques dans les années 1620 et demeura l'église paroissiale jusqu'en 1895. A droite, son abside est surmontée d'une tour-clocher qui participait à la défense de l'enceinte du château. ▶

Au moins depuis le début du XIIIe siècle Le Poët-Laval est l'un des nombreux établissements créés par l'ordre de Saint-Jean-de-Jérusalem dans le sud-est de la France. En 1277 les habitants reçoivent du grand prieur de Saint-Gilles leur charte des libertés et franchises. Une transaction du 20 janvier 1269 nous apprend que les commandeurs du lieu (seigneurs moitié moines, moitié soldats, appelés plus tard chevaliers de Malte) étaient eux-mêmes inféodés aux comtes de Valentinois. Vers la fin du XVe siècle, Le Poët-Laval est l'une des plus riches commanderies du prieuré de Saint-Gilles. Au cours des guerres de Religion, protestants et catholiques assiégeront tour à tour le village (1563, 1573, 1574, 1587). En 1621, les protestants consolident les fortifications de la cité mais l'année suivante Lesdiguières, au nom de Louis XIII, ordonne de raser les fortifications « de façon que ces lieux ne puissent servir désormais à ceux qui auraient envie de s'y loger et de troubler la tranquillité publique ». Le dernier commandeur prit ses fonctions en 1746.

Au siècle dernier, le village est peu à peu abandonné au profit de la nouvelle agglomération de Gougne, le long de la grand-route. En 1950 il ne reste que 17 maisons habitables dans le village alors qu'il y en avait encore 96 en 1830! Depuis 1982 la vie a repris peu à peu grâce aux initiatives de l'Association des Amis du vieux Poët-Laval, qui veille à sa sauvegarde et à sa restauration. En 1474 il y avait environ 160 habitants au Poët-Laval. L'enquête épiscopale de 1685-1687 en dénombre 650, dont 500 « de la religion » et 150 anciens catholiques. En 1790 ils sont 918 et 1 241 en 1836, période du plus fort peuplement. En 1861, parmi les 1 147 habitants (285 au village) 792 vivent de l'agriculture, 109 de la poterie et 65 du tissage de la soie. A partir de 1872 la baisse s'accentue rapidement jusqu'aux 565 d'aujourd'hui (66 au village).

Pour en savoir plus :

« Le Poët-Laval, commanderie des Chevaliers de Malte », par Léo Bertrand, édité par les Amis du vieux Poët-Laval, Valence 1966.

Le village étage ses maisons sur la pente sud d'une colline surplombant la vallée du Jabron. Il est dominé par les ruines d'un château médiéval (XIIe-XVe siècle) qui dès 1687 est déclaré inhabitable ou peu s'en faut, « ayant été assiégé et brûlé par les Protestants pendant les guerres civiles et les fortifications démolies par ordre du Roy selon la tradition du pays ». Le village se développera à l'ombre de ce château au plus tard dès le début du XIIIe siècle pour être bientôt enfermé dans un solide rempart flanqué dont on aperçoit à droite, émergeant des toits, l'une des tours. Dans la seconde moitié du XVe siècle, la période de paix qui s'ouvre permet au village de s'étendre hors ces murs. ▶

BONNEVAL-SUR-ARC **SAVOIE**

Au fond de la Maurienne, près des sources de l'Arc, Bonneval est un témoin remarquable du bâti ancien de haute montagne. A 1790 mètres d'altitude, son «splendide isolement» n'est sans doute pas étranger à la conservation de ses vieilles maisons couvertes de lauzes, serrées autour de son église au clocher savoyard.

Une grande partie de l'histoire de Bonneval se confond avec celle de Bessans, dont il n'était qu'un hameau jusqu'en 1761. Pendant la Révolution, la haute Maurienne eut à souffrir de sa position frontalière : le 6 avril 1794, à la suite de l'échec français d'occupation du Mont-Cenis, Bessans et Bonneval évitèrent la déportation de leurs habitants en soudoyant quelques militaires français. Mais le 4 juin 1799, les deux communes furent mises en état de siège pour avoir donné asile à des prêtres réfractaires et favorisé le contact avec les «rebelles» du Piémont. En 1860, les Haut-Mauriennais sont unanimes à voter le rattachement à la France.

La vie était rude à Bonneval : l'élevage et l'agriculture fournissaient l'essentiel des revenus, mais les sols sont pauvres et les hivers longs et rigoureux (il fallait au seigle quatorze mois pour mûrir!). Pour lutter contre le froid, on cohabitait avec les animaux; les lits, à étage, étaient parfois disposés directement au-dessus des moutons. Le bois étant rare, on utilisait comme combustible des galettes de bouse séchées – les grobons – qui, mises à sécher sur les balcons de bois, contribuent aujourd'hui au pittoresque du village. Le texte des franchises de Bessans (daté du 2 août 1567) nous révèle qu'il était déjà interdit de cuire le minerai avec le bois de l'endroit! (Bonneval a exploité deux mines de fer jusqu'au XVIIIe siècle).

Depuis 1968, une station de sports d'hiver s'est développée avec discrétion, nettement séparée du vieux village, et contribue à faire revivre le site toute l'année.

En 1561 Bonneval comptait 403 habitants; en 1734, 529 dont 112 à l'Écot (le hameau voisin); en 1886, 370 dont 60 à l'Écot. Entre 1886 et 1962, Bonneval a perdu 60 % de sa population!

Aujourd'hui les Bonnevalains ne sont plus que 123 et l'Écot (que l'on ne manquera pas de visiter) n'est habité que l'été.

Pour en savoir plus :

«L'Histoire en Savoie, la haute Maurienne», par Pierre Dompnier, dans Revue trimestrielle de culture et d'information historique n° 23, éditée par la Société savoisienne d'histoire et d'archéologie de Chambéry, septembre 1971.

«Histoire des communes savoyardes», sous la direction de Philippe Paillard, Éditions Horvath, Saint-Étienne 1983.

Le vieux pont sur l'Arc.

Avec ses deux fenêtres géminées à colonnette centrale, cet édifice de Saint-Cirq-Lapopie fut, pense-t-on, une des auberges des mariniers du Lot. Très florissante entre Port-d'Agre (Aveyron) et Bordeaux, la batellerie du Lot prit une importance exceptionnelle entre 1847 et 1880 mais la construction du chemin de fer lui porta un coup fatal. Cette belle demeure fut acquise en 1950 par l'écrivain André Breton (1896-1966) qui, l'année suivante, écrivait : « Saint-Cirq a disposé sur moi du seul enchantement : celui qui fixe à tout jamais. J'ai cessé de me désirer ailleurs. »

G L O S S A I R E

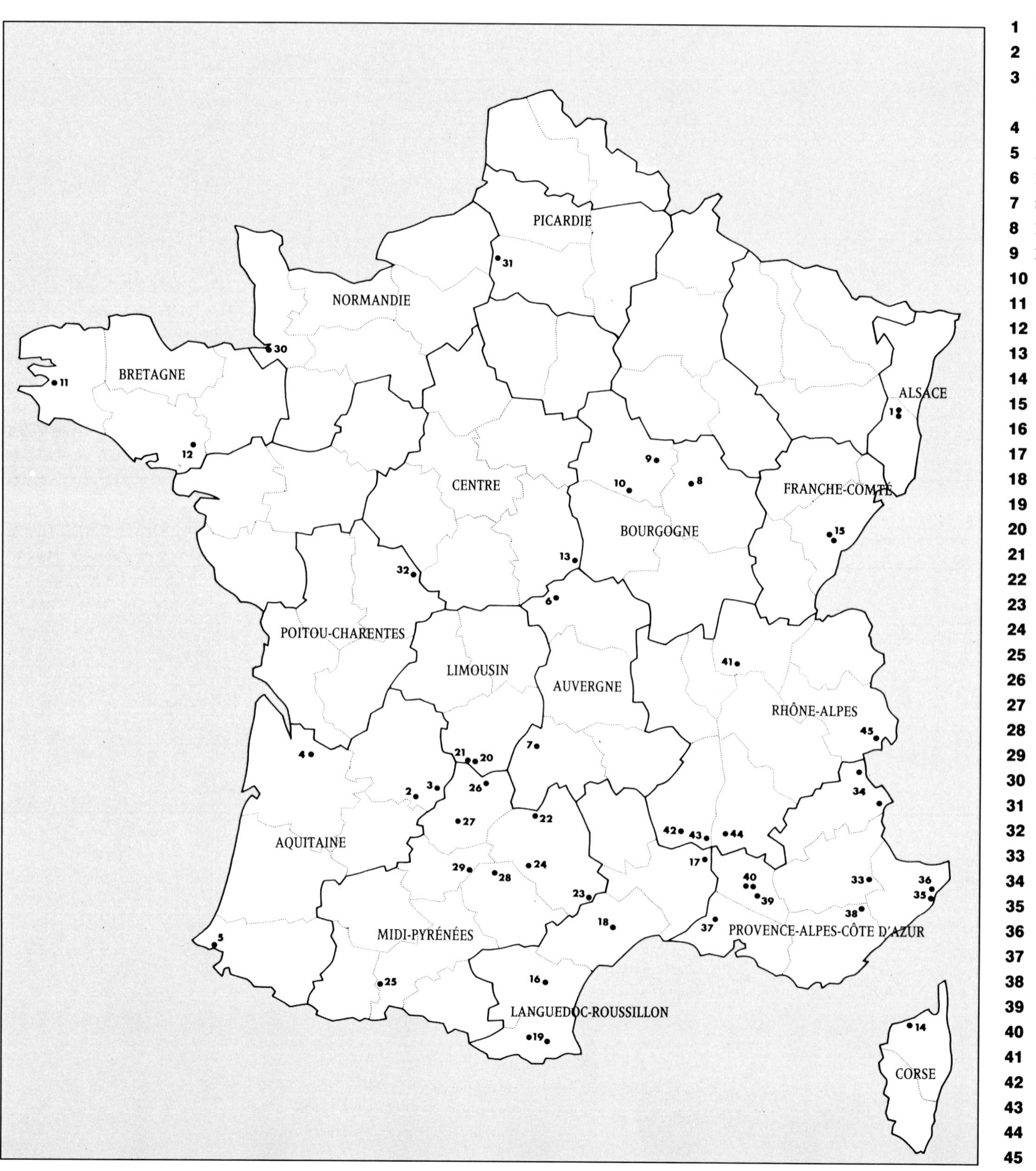

1 Riquewihr et Hunawihr
2 Monpazier
3 La Roque-Gageac, Beynac et Domme
4 Saint-Émillion
5 Aïnhoa
6 Hérisson
7 Salers
8 Flavigny-sur-Ozerain
9 Noyers-sur-Serein
10 Vézelay
11 Locronan
12 Rochefort-en-Terre
13 Apremont-sur-Allier
14 Sant'Antuninu
15 Lods et Mouthiers-Hautepierre
16 Lagrasse
17 La Roque-sur-Cèze
18 Saint-Guilhem-le-Désert
19 Villefranche-de-Conflent
20 Collonges-la-Rouge
21 Turenne
22 Conques
23 La Couvertoirade
24 Sauveterre-de-Rouergue
25 Saint-Bertrand-de-Comminges
26 Autoire
27 Saint-Cirq-Lapopie
28 Cordes
29 Bruniquel et Penne
30 Mont-Saint-Michel
31 Gerberoy
32 Angles-sur-l'Anglin
33 Entrevaux
34 Saint-Véran et Névache
35 Èze-Village
36 Peillon
37 Les-Baux-de-Provence
38 Bargème
39 Bonnieux
40 Gordes et Roussillon
41 Pérouges
42 Balazuc
43 Saint-Montan
44 Le-Poët-Laval
45 Bonneval-sur-Arc

Parmi les nombreuses protections qui s'appliquent aux villages et hameaux, j'ai regroupé dans la liste (arrêtée au 1er janvier 1989) qui suit celles qui concernent les plus beaux ensembles :

1. Les villages dont la majorité, voire la totalité du domaine bâti est M.H. ou/et Inv. M.H.
2. Les villages protégés en totalité, avec ou sans leurs abords.
3. Les villages dont la partie ancienne est protégée.
4. Les villages dont le site naturel dans lequel ils s'insèrent est protégé.
5. Les villages dont la place principale est protégée si, et seulement si, cette protection est étendue à l'ensemble des maisons qui l'entourent.

Ne figurent pas dans cette liste :

– Les villages protégés dont la population agglomérée au chef-lieu est supérieure à 1 050 habitants (recensement de 1982) et les lieux-dits.
– Les villages (très nombreux) protégés uniquement dans le cadre d'un vaste paysage naturel (cirque, vallée, littoral, etc.) dont l'intérêt ne réside pas dans la qualité du domaine bâti.
– Les villages (très nombreux) partiellement protégés : partie haute (basse, ouest, entrée du village, etc.), église, château, groupe de maisons et leurs abords, site des remparts, places, rues, promenades, etc.
– Les villages dont « la totalité du territoire de la commune » est protégé.

Les villages soulignés sont ceux présentés dans le corps du livre. Les populations entre parenthèses sont celles agglomérées au chef-lieu et non de l'ensemble de la commune.

L'église de Saint-Cirq-Lapopie doit sa célèbre silhouette à son clocher flanqué d'une mince tourelle d'escalier à vis. Elle date de la première moitié du XVIe siècle : on sait qu'en 1522 consulat et archiprêtré en avaient confié les travaux au maître maçon Guillaume Capelle et qu'en 1540 il faudra un emprunt pour faire face aux dépenses. Le livre consulaire de Saint-Cirq (XVIe siècle) nous apprend que c'est dans cette église qu'étaient proclamés solennellement les noms des consuls élus.

LA PROTECTION DES VILLAGES

1. Le village dont la totalité (ou la majeure partie) du bâti est M.H. ou Inv. M.H.

Ce sont les « perles rares » : Pérouges (Ain), Mont-Saint-Michel (Manche), Villefranche-de-Conflent (Pyrénées-Orientales) et quelques autres. Incontestablement ce sont des ensembles exceptionnels, uniques et rarissimes.

Étroitement unis, le site, le village et l'abbaye ont forgé ensemble la renommée internationale du Mont-Saint-Michel, l'un des sites touristiques les plus fréquentés de France. Si la plupart des maisons ont été reconstruites (ou profondément remaniées) depuis la fin du siècle dernier, la Grande-Rue présente encore quelques rares exemples d'architecture civile du Moyen Age ; ainsi, en conservant une façade à pans de bois et encorbellement, cette maison nous restitue l'aspect que devaient avoir la plupart des maisons du Mont à la fin du Moyen Age.

2. Le village protégé en totalité, avec ou sans ses abords

Ce sont, en principe, les plus beaux ensembles car la plupart d'entre eux conservent leur aspect ancien (ordonnance primitive et bâti ancien majoritaire) ; de plus, beaucoup ont la chance d'avoir leurs abords à peu près préservés de toutes constructions modernes propres à dénaturer leur site.
Deux types de protection : S.Cl. et S.Ins. Les S.Cl. concernent les plus beaux ensembles : Apremont-sur-Allier (Cher), Bargème (Var), Saint-Cirq-Lapopie (Lot), etc.

3. Le village dont la partie ancienne est protégée

Il s'agit du noyau médiéval, partie ancienne du village qui est toujours contenue à l'intérieur du rempart médiéval, ou de son tracé s'il a disparu (ville intra-muros, quartiers anciens, partie ancienne du village). A l'extérieur du rempart les extensions modernes ont le plus souvent dénaturé le site. Un seul type de protection : S.Ins. Par exemple, Riquewihr, superbe village d'Alsace, est partiellement entouré de maisons modernes mais celles-ci sont à l'extérieur du rempart médiéval.

4. Le village dont seul le site est protégé

Village et paysage naturel composent un ensemble pittoresque, quelquefois remarquable.

Les plus beaux ensembles sont S.Cl. et, le plus souvent, associés à la protection 2 (protection totale avec les abords). Par exemple Vézelay (Yonne), Èze-village (Alpes-Maritimes), Saint-Guilhem-le-Désert (Hérault), etc. Par contre, ceux qui ne sont que S.Ins. n'offrent, dans la majorité des cas, que peu d'intérêt car leur bâti ancien est soit minoritaire, soit dénaturé ; par exemple, Les Eyzies (Dordogne) n'offre que peu d'intérêt (architectural) mais l'ensemble des falaises préhistoriques qui lui font écrin composent un site admirable.

5. Le village dont la place principale et les maisons qui la bordent sont protégées

Les places de nos villages sont des espaces privilégiés surtout lorsqu'elles sont, comme c'est le cas pour les bastides, à l'origine de la structure urbaine.

Les plus belles places sont ici représentées : la célèbre place de l'Église de Locronan (Finistère) est entièrement classée M.H. ; Monpazier (Dordogne), Réalville et Castelsagrat (Tarn-et-Garonne) sont bordées de maisons Inv. M.H. ; la grande majorité de ces places sont celles de bastides.

G L O S S A I R E

LES OUTILS DE PROTECTION DU PATRIMOINE EN FRANCE

En France, lorsque les immeubles bâtis anciens présentent un intérêt patrimonial, c'est-à-dire historique, architectural ou archéologique, ils sont protégés par un ensemble de législations destiné à en réglementer la conservation.
Ce patrimoine bâti regroupe les châteaux, les églises, les abbayes et tous les monuments mais également les maisons, les ponts, les vestiges de fortifications (remparts, tours, portes de ville), etc., et ce que l'on appelle «le petit patrimoine» : fontaines, lavoirs, oratoires, croix de chemin, etc.
Ces éléments – souvent remarquables – s'insèrent nécessairement dans un environnement – naturel ou urbanisé – qui, lorsqu'il est de bonne qualité, est à son tour protégé.
Ces protections sont de quatre natures :

Comme dans la plupart des villes de la vicomté de Turenne, les bourgeois étaient nombreux et vivaient confortablement du revenu de leurs terres. A gauche, sur une grande terrasse dominant le bourg, le château de Busqueilles est une vaste construction

- le classement Monument historique (M.H.) qui ne s'applique qu'aux immeubles bâtis et éventuellement aux parcs et jardins;
- l'inscription à l'Inventaire supplémentaire des Monuments historiques (Inv. M.H.) qui s'applique aux mêmes immeubles mais qui, par rapport au classement, présente des contraintes de conservation ou de restauration moins fortes;
- le site classé (S.Cl.) qui s'applique aux paysages – naturels ou urbains – remarquables que l'on souhaite conserver en l'état; ce sont notamment des paysages naturels (Mont-Blanc, cirque de Gavarnie, gorges du Verdon, golfe de Porto, etc.);
- le site inscrit (S.Ins.) qui s'applique aux paysages naturels ou urbains de moindre qualité, mais qui ont gardé leurs caractères originaux.

On admettra que plus un immeuble ou un paysage construit est rare, unique ou dans un «état» de conservation remarquable, plus sa protection doit être efficace et rigoureuse; ainsi un édifice «classé M.H.» est mieux protégé qu'un édifice «Inv. M.H.» et un site classé est mieux protégé qu'un site inscrit.
La variété et l'importance des outils de protection du patrimoine bâti résultent, d'une part, de l'ancienneté des besoins ressentis en France en faveur de sa protection et, d'autre part, de sa nécessaire adaptation aux diverses époques auxquelles ils se sont manifestés. Le résultat est la répartition de l'outil de protection à trois ministères :

- le ministère de la Culture a compétence sur les monuments historiques classés ou inscrits et dans le cercle de protection de 500 mètres qui les entoure;
- le ministère de l'Environnement a compétence sur les sites classés et inscrits dès lors qu'ils sont naturels : ils couvrent les paysages remarquables de France et les grands paysages dont la mosaïque et la qualité constituent la richesse touristique de la France;
- le ministère de l'Équipement a compétence sur les sites classés et inscrits dès lors qu'ils sont urbains; ils concernent les sites classés remarquables, de nombreux parcs et jardins, et le plus souvent des sites inscrits tels que villages, quartiers et centres anciens des villes.

Monpazier. Porte de la ville.

ALSACE

BAS-RHIN (67)

HAUT-RHIN (68)

AQUITAINE

DORDOGNE (24)

Beynac.

Riquewihr. Rue du Général-de-Gaulle.

GIRONDE (33)

LANDES (40)

LOT-ET-GARONNE (47)

PYRÉNÉES-ATLANTIQUES (64)

Flavigny-sur-Ozerain. Rue de l'Église.

Salers. Place Tyssandier-D'Escous.

AUVERGNE

ALLIER (03)

CANTAL (15)

HAUTE-LOIRE (43)

PUY-DE-DÔME (63)

BOURGOGNE

CÔTE-D'OR (21)

NIÈVRE (58)

BRETAGNE

Vézelay. Basilique Sainte-Marie-Madeleine.

CENTRE

Rochefort-en-Terre.

CHAMPAGNE-ARDENNE

CORSE

La Roque-sur-Cèze.

Sant'Antuninu.

FRANCHE-COMTÉ

ILE-DE-FRANCE

YVELINES (78)

Lods.

LANGUEDOC-ROUSSILLON

AUDE (11)

Lagrasse.

Villefranche-de-Conflent.

GARD (30)

HÉRAULT (34)

LOZÈRE (48)

PYRÉNÉES-ORIENTALES (66)

Turenne.

LIMOUSIN

CORRÈZE (19)

CREUSE (23)

HAUTE-VIENNE (87)

Conques. Rue Charlemagne et Porte du Barry.

LORRAINE

MOSELLE (57)

MIDI-PYRÉNÉES

ARIÈGE (09)

AVEYRON (12)

HAUTE-GARONNE (31)

GERS (32)

LOT (46)

HAUTES-PYRÉNÉES (65)

TARN (81)

Saint-Cirq-Lapopie.

Sauveterre-de-Rouergue.

TARN-ET-GARONNE (82)

Bruniquel.

NORMANDIE

PAYS DE LOIRE

Mont-Saint-Michel. La Grande Rue.

Entrevaux. Le Pont de la Porte Royale.

PICARDIE

Névache. Ville Haute.

POITOU-CHARENTES

CHARENTE (16)

Aubeterre-sur-Dronne (381 h.) : bourg (S. Ins.)
Les Essards : village de Puychaud et ses abords (S. Ins.)
Le Tatre et Reignac : hameau des Chaussades (S. Ins.)
Tusson (370 h.) : village (S. Ins.)

CHARENTE-MARITIME (17)

Hiers-Brouage (223 h.) : fortifications (M. H.), abords des remparts (S. Ins.) et place forte (S. Ins.)
Port-d'Envaux : place de Saint-Saturnin-de-Séchaux et monuments l'entourant (S. Cl.)
Saint-Sauvant (401 h.) : bourg (S. Ins.)
Talmont-sur-Gironde (79 h.) : bourg (S. Cl.)

DEUX-SÈVRES (79)

Exoudun (281 h.) : bourg (S. Ins.)

VIENNE (86)

Angles-sur-l'Anglin (322 h.) : site d'Angles-sur-l'Anglin, village et vallée de l'Anglin (S. Ins.)
Curçay-sur-Dive (128 h.) : village (S. Ins.)

Les Baux-de-Provence.

PROVENCE-ALPES-CÔTE D'AZUR

ALPES-DE-HAUTE-PROVENCE (04)

Castellet-lès-Sausses (114 h.) : village et ses abords (S. Ins.)
Colmars (225 h.) : enceinte fortifiée (M. H.) et village (S. Ins.)
Dauphin (232 h.) : village et ses abords (S. Ins.)
Digne : hameau de Courbons et ses abords (S. Ins.)
Entrevaux (308 h.) : fortifications (M. H.) et ses abords (S. Ins.) et village (S. Cl.)
Lurs (80 h.) : village (S. Ins.)
Moustiers-Sainte-Marie (441 h.) : village et ses abords (S. Ins.)
Saint-Maime (342 h.) : village (S. Ins.)
Val-de-Chalvagne : village de Castellet-Saint-Cassien et ses abords (S. Ins.)

HAUTES-ALPES (05)

La Grave : hameaux du Chazelet, des Terrasses, des Hières et de Ventelon et leurs abords (S. Ins.)
Mont-Dauphin (83 h.) : rocher et village (S. Ins.)
Névache (167 h.) : village constitué de la Ville Haute et des trois hameaux de la Ville Basse, du Château et du Cros (S. Ins.) hameau de Sallé, chalets de Fontcouverte et du Jadis, de Lacou, de Lacha et de Laval (S. Ins.)
Saint-Véran (213 h.) : village (Le Raux, Pierre-Belle, Le Villard, Le Châtelet, La Ville, Les Forannes) et ses abords (S. Ins.)
Tallard (869 h.) : bourg (S. Ins.)
Vars : hameau de Sainte-Catherine et ses abords (S. Ins.)

Saint-Véran. Le Châtelet.

ALPES-MARITIMES (06)

Auribeau-sur-Siagne (252 h.) : village et ses abords (S. Ins.)
Caille (144 h.) : village et ses abords (S. Ins.)
Carros-Village : village et ses abords (S. Ins.)
Castellar : ruines du vieux Castellar (S. Cl.)
Châteauneuf-de-Contes : ruines de l'ancien village et du château féodal (S. Cl.)
Châteauneuf-Grasse (304 h.) et Opio (671 h.) : villages et leurs abords (S. Ins.)
Èze-village (143 h.) : site du vieux Èze (S. Ins.) et ses abords (S. Cl.)
Gattières (532 h.) : village et ses abords (S. Ins.)
Ilonse (55 h.) : village (S. Ins.)
Marie-sur-Tinée (50 h.) : village (S. Ins.)
Peillon (372 h.) : village et ses abords (S. Ins.)
Pierrefeu (114 h.) : village et ses abords (S. Ins.)
Saint-Dalmas-le-Selvage (92 h.) : village et ses abords (S. Ins.)
Saint-Jeannet (905 h.) : village (S. Ins.)
Sainte-Agnès (103 h.) : village et ses abords (S. Ins.)
Saorge (276 h.) : village et ses abords (S. Ins.)
Valbonne (822 h.) : village (S. Ins.)

BOUCHES-DU-RHÔNE (13)

Les Baux (62 h.) : village (S. Cl. et S. Ins.) et sites environnants (S. Cl.)
Eygalières (556 h.) : vieux village et ses abords (S. Ins.)
Ventabren (857 h.) : village et ses abords (S. Ins.)
Vernègues : ruines du vieux village (S. Ins.)

VAR (83)

Ampus (258 h.) : village et ses abords (S. Ins.)
Bargème (74 h.) : village (S. Cl. et S. Ins.) et zone de protection autour du village
Callian (603 h.) : village et ses abords
Châteaudouble (139 h.) : village et ses abords (S. Ins.)
Cotignac (987 h.) : village et ses abords (S. Ins.)
Entrecasteaux (304 h.) : village et ses abords (S. Ins.)
Evenos (342 h.) : village et ses abords (S. Cl.)
Fayence (1 050 h.) et Tourrettes (349 h.) : villages et leurs abords (S. Ins.)
Figanières (564 h.) : village et ses abords (S. Ins.)
Gassin (192 h.) : village et ses abords (S. Ins.)
Grimaud (643 h.) : village et ses abords (S. Ins.)
Mons (147 h.) : village et ses abords (S. Ins.)
Montauroux (679 h.) : village et ses abords (S. Ins.)
Ramatuelle (520 h.) : village (S. Ins.)
Saint-Martin-des-Pallières (116 h.) : village et château (S. Ins.)
Seillans (963 h.) : village et ses

abords (S. Ins.)
Sillans-la-Cascade (118 h.) : village et ses abords (S. Ins.)
Tourtour (245 h.) : village (S. Ins.)

VAUCLUSE (84)

Ansouis (239 h.) : village (S. Ins.)
Aurel (53 h.) : village et ses abords (S. Ins.)
Le Beaucet (87 h.) : village (S. Ins.)
Bonnieux (501 h.) : village (S. Ins.)
Buoux (103 h.) et Bonnieux : site du village de Buoux (S. Ins.)
Crestet (326 h.) : village (S. Ins.)
Crillon-le-Brave (69 h.) : vieux village, château et chapelle (S. Ins.)
Gigondas (129 h.) : village (S. Ins.)
Gordes (399 h.) : village et ses abords (S. Ins.)
Lacoste (118 h.) : château et village (S. Ins.)
Lagnes (369 h.) : village (S. Ins.)
Lourmarin (378 h.) : village et abords du château (S. Ins. et S. Cl.)
Ménerbes (242 h.) : village (S. Ins.)
Méthamis (326 h.) : vieux village (S. Ins.)
Mornas (353 h.) : village et ses abords (S. Ins.)
Oppède-le-Vieux (138 h.) : château et village (S. Ins.)
La Roque-sur-Pernes (138 h.) : bourg et ses proches abords (S. Ins.)
Roussillon (442 h.) : village et paysages environnants dont les falaises d'ocre (S. Ins.)
Saignon (146 h.) : rocher et village (S. Cl.)
Sérignan-du-Comtat (734 h.) : village (S. Ins.)
Les Taillades : église, vieux village et leurs abords (S. Ins.)
Viens (191 h.) : vieux village et ses abords immédiats (S. Ins.)

Bargème.

Bonnieux.

Balazuc.

RHÔNE-ALPES

AIN (01)

Oncieu (59 h.) : site d'Oncieu (S. Ins.)
Pérouges (464 h.) : M. H. et Inv. M. H. et zone de protection aux abords du village

ARDÈCHE (07)

Balazuc (124 h.) : village et ses abords immédiats (S. Ins.)
Désaignes (478 h.) : vieux village (S. Ins.)
Labastide-de-Virac (128 h.) : village (S. Ins.)
Labeaume (405 h.) : village et gorges de Labeaume (S. Ins.)
Malarce-sur-la-Thines (204 h.) : village et ses abords (S. Ins.)
Mirabel (68 h.) : village et corniche basaltique (S. Ins.)
Saint-Laurent-sous-Coiron (120 h.) : village et sa corniche basaltique (S. Ins.)
Saint-Montan (153 h.) : village (S. Ins.)
Saint-Thomé (171 h.) : village et ses abords (S. Ins.)
Saint-Vincent-de-Barrès (314 h.) : village (S. Ins.)
Sceautres (96 h.) : rocher et village (S. Ins.)
Ucel : hameau du Grand Village d'Ucel (S. Ins.)
Vogüé-sur-Ardèche (221 h.) : village (S. Ins.)

DRÔME (26)

Autichamp (115 h.) : château et village (S. Ins.)
Beaufort-sur-Gervanne (212 h.) : vieux village et ses abords (S. Ins.)
La Garde-Adhémar (641 h.) : village (S. Ins.)
La Laupie (268 h.) : village et ses abords (S. Ins.)
Mirmande (115 h.) : village et ses abords immédiats (S. Ins.)
Montbrun-les-Bains (267 h.) : vieux village (S. Ins.)
Le Poët-Laval (66 h.) : village et ses abords (S. Ins.)
Le Poët-Sigillat (47 h.) : vieux village (S. Ins.)
Saint-Jalle (148 h.) : vieux village (S. Ins.)

Le Poët Laval.

Pérouges.

Bonneval-sur-Arc.

Gordes. Le Château.

Èze-Village. La fontaine du Planet.

TABLE DES MATIÈRES

REMERCIEMENTS

Je remercie toutes les personnes qui m'ont fait partager leur village, les curés et les maires qui m'ont si souvent confié les clés de l'église et tous les villageois qui, en me laissant accéder chez eux ou en déplaçant leur automobile (!), ont participé à la réalisation de ce livre. Je remercie également tous les auteurs cités en fin d'ouvrage, grâce à qui j'ai pu établir les textes, et, pour leur précieuse compétence, les Guides Bleus Hachette et M. Jean Kuypers, du ministère de l'Équipement.

DIRECTION ARTISTIQUE
François Huertas assisté de Philippe Pierrelée.

RESPONSABLE ÉDITORIAL
Bénédicte Servignat

PHOTOGRAVURE
Raballand à Paris

PHOTOCOMPOSITION
A.P.S. à Tours

Cet ouvrage a été
achevé d'imprimer
sur les presses de
Grafo, à Bilbao
en Espagne
Dépôt légal : 2119 - Septembre 1994
ISBN : 2.85108.601.4
34/0764/0